本书是教育部人文社科基金项目"中国文化背景下谦逊型领导对员工主动行为的影响机制研究"（18YJC630014）的部分研究成果

谦逊型领导与员工主动性的关系研究

陈艳虹◎著

A STUDY ON
THE RELATIONSHIP BETWEEN HUMBLE
LEADERSHIP AND
EMPLOYEE PROACTIVITY

经济管理出版社
ECONOMY & MANAGEMENT PUBLISHING HOUSE

图书在版编目（CIP）数据

谦逊型领导与员工主动性的关系研究/陈艳虹著. —北京：经济管理出版社，2021.7
ISBN 978-7-5096-8189-3

Ⅰ. ①谦… Ⅱ. ①陈… Ⅲ. ①人事管理—研究 Ⅳ. ①D035.2

中国版本图书馆 CIP 数据核字（2021）第 151926 号

组稿编辑：张广花
责任编辑：丁慧敏 张广花
责任印制：黄章平
责任校对：王淑卿

出版发行：经济管理出版社
　　　　　（北京市海淀区北蜂窝 8 号中雅大厦 A 座 11 层　100038）
网　　　址：www. E-mp. com. cn
电　　　话：(010) 51915602
印　　　刷：唐山玺诚印务有限公司
经　　　销：新华书店
开　　　本：710mm×1000mm /16
印　　　张：12.75
字　　　数：222 千字
版　　　次：2021 年 9 月第 1 版　　2021 年 9 月第 1 次印刷
书　　　号：ISBN 978-7-5096-8189-3
定　　　价：78.00 元

前　言

亚瑟·乔拉米卡利、凯瑟琳·柯茜在《共情的力量》一书中提到，谦逊既不会因为自己的伟大而膨胀，也不会因为自己的谦卑而泄气，它会帮助我们在"我本万能"和"一事无成"之间找到平衡点。每个人每天都在寻找着自己的平衡点，那么作为领导者该如何找到他们的平衡点呢？领导者的特殊身份和地位是否会阻碍他们找到这一平衡点？也许，谦逊会帮助他们找到答案。因为谦逊不仅是一种良好的道德品质，更是一种重要的管理智慧。

吉姆·柯林斯通过对 1400 多家优秀企业的追踪发现，谦逊是一个卓越的领导者身上必备的品质。谷歌的前人力资源副总裁拉兹洛·博克把谦逊作为考察管理者的重要指标之一，他认为谦逊是可以给别人闪光的机会，没有谦逊，人就无法进步。原印度塔塔钢铁公司总经理穆瑟拉曼认为最好的领导力是谦逊，真正的领导应回归本源，正确看待自己的成就，而不是通过包装让自己在公共领域吸引媒体和公众的注意力，只有这样才能确保企业的长期稳定发展。在中国，谦逊对于领导者的重要性在古代典籍和领导者身上都有所体现，例如，刘备的"三顾茅庐恭请诸葛亮"。刘邦夺取天下时的经验总结"夫运筹帷幄之中，决胜千里之外，吾不如子房；镇国家，抚百姓，给馈饷，不绝粮道，吾不如萧何；连百万之军，战必胜，攻必取，吾不如韩信"。这些都向我们展示出了谦逊不仅是一种良好的道德品质，更是一种重要的管理智慧。

2014 年《哈佛商业评论》发表了一篇题为《谦逊领导是最好的领导》（The Best Leaders Are Humble Leaders）的文章。文章用数据和访谈的结果向大家证明，进入 21 世纪后，随着市场的全球化和科学技术突飞猛进的发展，组织所面临的竞争环境越来越复杂化和动态化，领导者在组织顶层运筹帷幄的愿望已很难实现，仅仅依靠领导者的智慧来解决企业发展所有问题的领导模式也已不合时宜。同时，随着经营理念和管理模式的不断变化与更新，企业对员工的工作要求也发生了巨大的变化，对企业而言，员工的价值除了他们所拥有的劳动力外，还要有促进组织变革、提高组织运行效率的想法和行为。复杂多变的竞争环境需要员工发挥更多的主动性去承担职责和薪酬以外的工作。如何激发和调动员工的主动性成为现代企业的关注焦点。而领导作为企业的灵魂人物，一直被认为是影响员工态度和行为的关键性因素。

然而，传统的"自上而下"（Top-down）的领导方式由于过分强调领导者的权力和影响力，在某种程度上限制了员工在领导过程中重要作用的发挥。严格的上下级管理、领导的过度参与以及无所不知且无所不能的伟人形象使员工的能力和积极性无法得到充分的展示。因此，一些研究者呼吁，领导者应该摒弃传统的伟人式和英雄式的领导观念，转而以一种谦逊的态度去实施"自下而上"（Bottom-up）的领导方式。在这样的情境下，谦逊型领导作为一种新的"自下而上"的领导理论逐渐得到了越来越多国内外研究者和管理者的关注。尽管越来越多的研究者和管理者认为领导的谦逊行为对组织的生存和发展至关重要，但对于谦逊型领导的研究目前仍处于探索阶段。因此，谦逊型领导的内涵及其影响是企业值得关注的问题，也是组织行为和人力资源管理领域中非常具有理论和现实意义的研究问题。

基于以上讨论，本书主要关注以下三个问题：中国文化背景下谦逊型领导的结构维度是什么？谦逊型领导对员工主动性影响的作用机制是什么？谦逊型领导对员工主动性影响的边界条件是什么？在员工主动性的实证检验部分，本书从两个不同的角度选取了员工主动行为和员工反馈寻求行为作为因变量，来证明领导的谦逊行为是如何影响员工主动性、如何帮助员工走出"主动困境"的。

本书受到教育部人文社会科学青年基金项目"中国文化背景下谦逊型领导对员工主动行为的影响机制研究"（项目编号：18YJC630014）的资助。在写作过程中，哈尔滨工业大学张莉教授和广东外语外贸大学钱珊珊博士给予了支持和帮助，在此表示由衷的感谢。

陈艳虹

2021 年 1 月 18 日

目　录

第一章 导 论

第一节 谦 逊

一、谦逊概念的发展

谦逊型领导的关键性构念是谦逊（Humility），只有了解了谦逊，才能更好地理解谦逊型领导的概念。从全世界范围来看，谦逊普遍被认为是一种美德，它意味着对知识的承认与欣赏以及自我超越的指引。谦逊概念的发展大致经历了四个时期，相对应的四种观点（传统观点、一神论观点、启蒙观点和现代观点）也随之产生。

持有传统观念的研究者认为，古希腊的斯多葛学派、佛教和道家教义是谦逊研究的开始，各派教义都一致认为谦逊是一种美德，可以帮助人们通往卓越。然而，尽管各派教义都认为谦逊是一种美德，但在希腊哲学思想中，谦逊并没有得到足够的重视。希腊哲学家认为受过良好教育的人都应该非常清楚自己的局限性，因而并不需要过分地强调谦逊。但东方的思想认为谦逊不仅是对个人局限性的理解，更是一种自我超越。

一神论观点来自于犹太教、伊斯兰教和基督教教义，此时的谦逊具有浓厚的宗教主义色彩。一神论者认为，谦逊是对神的谦恭。基督教教徒把谦逊当作是通往荣耀的途径。让人费解的是，谦逊和荣耀在表面上原本互相矛盾，但却被基督教徒认为是具有因果关系的组合。谦逊在基督教教义中的核心地位极大地影响了西方文化中对谦逊传统观念的理解。在基督教教义的基础上，此时的谦逊被认为是"对自我重要性低估"的一种谦虚状态，这种谦虚状态反对自私的野心和虚荣的自负。

启蒙时期的许多哲学家对基督教的谦逊解释不仅持有异议，而且还抱有蔑视的态度，这一时期是谦逊的曲折阶段。持有启蒙观点的学者认为，谦逊是奴隶的美德，是自卑的表现，因此，人类不需要谦逊。但随着人们对谦逊意义理解的不断深入，哲学家们开始逐渐地理解和认识到了谦逊中的积极性因素。一些哲学家开始承认谦逊是一种美德，认为这种美德能够使人的头脑对自己有足够的认识，并能让自己意识到比自身更伟大的事物的存在。哲学家康德对这种观点表示支持，他认为相对于虚伪的谦逊，真诚的谦逊会让人感觉到与法律相比一个人的道德价值是多么的微不足道。在其后续评论中，康德还进一步指出，有必要对认为"自己低评价"和认为"自己和别人一样有价值"的谦逊概念的理解进行区分。因为前者并不代表一种美德，而是一种奴性品质的象征，与谦逊概念本身想表达的意义不符。

到了现代，学者们对谦逊关注的焦点转移到了人自身的人格特质和心理特征。此时的哲学家和社会学家都认为谦逊是一种比想象中更为复杂的结构。例如，法国哲学家 Comte-Sponville（2001）曾提出，谦逊应该被认为是关于自我的科学，因为谦逊来自于对自我优缺点的信任和理解。Richards（1992）认为，谦逊应该被理解为对个人能力和成就的准确评估，以及正确看待这些评估的能力。积极心理学的出现为谦逊的理解和研究带来了新的视角，心理学家开始从积极心理学的角度对谦逊进行解读，认为谦逊是人的一种既稳定又持久的积极个人品质。学术界对谦逊的研究就源自积极心理学。Tangney（2002）从积极心理学角度出发，系统回顾了神学、哲学和心理学文献中的谦逊概念，总结出了包含在谦逊中的积极因素。为了测量谦逊的积极作用和影响，心理学研究者开发了谦逊的测量方法，Lee 和 Ashton（2004）在大五性格量表的基础上，发展出了大六 HEXACO 人格量表，该量表中包含了诚实—谦逊这一维度。这一量表的扩充使学者们对谦逊的实证研究产生了兴趣。

在谦逊积极作用的研究发展过程中，研究者基于不同视角，从不同方面给出了较为具体的谦逊定义。具体定义如表 1-1 所示。

表 1-1　谦逊概念界定

代表学者	谦逊定义
Morris 等（2005）	谦逊具有三个维度，包括：自我意识、开放性和自我超越
Rowatt 等（2006）	谦逊应该包含五个维度：真诚、公平、心胸开阔、尊重他人以及不傲慢自负
Tangney（2009）	谦逊可能由六个维度组成，包括：对自我能力的准确感知；承认错误、不完美、知识差距和局限性的能力；对新思想、相互矛盾的信息和建议持开放态度；保持自己能力和成就的看法；低自我关注或"忘记"自我的能力以及对所有事物价值的欣赏
Solomon（1999）	谦逊源于利己主义和利他主义，利己主义是对自我的现实期望，是一种不畏惧缺点的感恩回报；利他主义包括分享、减少威胁和给予信任
Davis 等（2011）	谦逊性格也可能包括对他人的倾向和以社会可接受的方式调节自我导向情绪的能力
Vera 和 Rodriguez-Lopez（2004）	对谦逊概念进行了新的解读，他们认为，与一些流行的观念和字典的定义相反，谦逊并不意味着低自尊、丢脸或不自信。相反，谦逊可以被定义为一种正确地看待自我能力和局限的非防御性意愿

从表 1-1 中可以看出，Morris 等、Rowatt 等和 Tangney 分别从谦逊所具有的维度方面给出了谦逊的定义，而 Solomon、Davis 等以及 Vera 和 Rodriguez-Lopez 对谦逊的定义进行了进一步的拓展。除此之外，Vera 和 Rodriguez-Lopez 在其研究中还进一步指出，真正的谦逊是不可替代的，它代表了一种生活态度，但谦逊不是人固有的一个特点，它像其他美德一样可以学到，但学习是一个长期的过程，这个过程是困难的，因为它涉及在承诺中改变，最终可能导致个体出现根本性的改变。

二、谦逊的核心内容

谦逊的核心是什么？从心理学的角度来说，谦逊是对自我的一种特殊的心理定位，即它在认识论和伦理上是一致的。"认识论上的一致"是指谦逊是个体对自己的理解和体验，即作为一个有限的、容易出错的个体存在，每个人都只是浩瀚宇宙中微不足道的一部分。这种认识通常是精神上的体验，属于一种

"存在意识"状态。"道德上的一致"是指谦逊是一种理解和体验，认为自我只是众多其他道德上相关存在中的一个，从根本上来说，每个人的利益都是合法的，都是值得关注和关心的，属于一种"延伸的同情"的状态。因此，我们可以说谦逊的核心是自我认知。

谦逊的人知道自己的地位、知识、能力、优缺点、美德、错误和局限性。这种自我认识能够使个体对自己做出公正的判断和正确的自我评价，进而产生一种谨慎和深思熟虑的自尊。谦逊是一种美德，它涉及如何有效地看待和处理人类的局限性。谦逊是真实，谦逊的人爱真理胜过爱自己。这就是为什么谦逊的人能够泰然自若地接受成功和失败，接受自己的优秀和平庸。他们不会试图用过分奉承的评价来欺骗自己，也不会否认自己的优势和价值，更不会低估自己，因为他们知道自己的弱点和面临的困难，所以他们会非常清楚地了解事情变糟的可能性。这种可能性不是一种抽象的可能性，而是一种非常真实、具体的可能性。谦逊的人通过积极、持续的态度来审视自己和自己的行为，并在别人能给他关于自己的信息时倾听他们，从而发展对自己的认识。

通常情况下，我们会用两个维度来对谦逊的核心内容进行评估和测量。第一个维度是"低自我中心"。通过这种方式，我们并不是说低自尊，而是说从这种恰当的心理定位中产生的低自我重要性。"认识论上的一致"会让我们减少对自我的关注，即减少自恋。但这并不代表一个谦逊的人不会欣赏和运用自己的信仰、价值观、技能和能力，只是他会正确地看待自己拥有的这些东西。"低自我中心"的行为表现通常包括：缺乏自我膨胀或自我推销的欲望，对新的和具有挑战性的信息持开放态度，以及简单的自我表现或生活方式，例如谦虚、心胸开阔等。第二个维度是"高他人中心"。"认识论上的一致"会不断优化自我的需求、兴趣和利益，进而会增加对他人幸福的关注，同时也会增加对他人价值的欣赏，总的来说，就是增加联系感。但这并不是说一个谦逊的人不关心自己的幸福或追求自己的利益，只是他把这些视为与他人的幸福和利益深深交织在一起而已。"高他人中心"行为表现通常包括广泛地接受他人的信仰、价值观和想法，即使与自己的有所不同，也有强烈的愿望帮助和服务他人，如宽容、公德等。

在这里需要强调的一点是，谦逊不仅是负面特征（骄傲、自大、自恋、自欺）的缺失，而是一种积极的美德，因为谦逊的人的自我认知是建立在自我内在价值和良好品质的基础上的。自我认知和自我评价不是目的，而是提升的方式。谦逊的人总是试图超越自己的缺点和局限性。他们会以一个开放的、非防御性的观点来看待关于自己的信息，他们不会满足于已经取得的成就，因为这离自己的希望和愿望还有很远的距离，而能力的提升和开发才是自己的责任。

此外，谦逊是一个语义丰富的心理构念，它与谦虚、自恋和自尊等构念相关，但在概念上又有所区别。我们不能简单认为谦逊就是低自尊，就是低估一个人的能力和价值。为了更加清晰地理解和阐述谦逊，我们需要将谦逊（Humility）与其相似的概念谦虚（Modesty）、诚实—谦逊（Honesty-humility）进行区分。

首先，谦逊与谦虚的联系和区别。研究者认为，谦逊指的是个体的一种内在品质，而谦虚指的是个体对自身长处与成就的适度估量。个体在谦虚的展示中，会低估自己的优点、贡献和期望。这种谦虚并不等同于谦逊，因为谦逊的人拥有一个平衡的视角，他们既承认自己的长处也承认自己的不足，与此同时也不会过度贬低或过度表现自己。此外，就其本身而言，谦虚并不能体现谦逊的其他关键方面，比如忘我以及对他人价值的欣赏。相反，谦虚一词的使用常常延伸到行为和着装上的得体性问题。在这些问题上，谦虚与谦逊的相关度不大。我们可以把谦虚准确、不夸张地估计自己的特征看作是谦逊的组成部分，但这并不是谦逊的全部。因此，一个在言行上谦虚的人，并不一定是真正的谦逊。然而，研究者们也进一步指出，谦逊和谦虚并不是完全不相关的两个概念，具有谦逊品质的人会自然而然地表现出谦虚，但有谦虚表现的人内心并不一定谦逊。

其次，谦逊和诚实—谦逊的联系和区别。2004 年 Lee 和 Ashton 在大五性格的基础上，发展出了大六性格（HEXACO），大六性格中包含了一个新的性格维度诚实—谦逊。在研究中，他们对诚实—谦逊概念内涵进行了阐述并指出，诚实—谦逊代表了在与他人打交道时公平和真诚的倾向，从与他人合作的意义上说，即使有人可能利用自己也不进行报复。就这样一点而言，诚实—谦逊程度高的人被认为是真诚、公平、谦虚和贪婪的回避者。因此，诚实—谦逊由四个特征组成：真诚、公平、避免贪婪和谦虚。后两个特征在一些研究中常被用来测量谦逊。然而，一些学者发现，诚实—谦逊关注的焦点仅局限于谦虚，因此，诚实—谦逊与谦逊相关，但却与之不同，并发现诚实—谦逊与他们对谦逊的评价只有适度的相关性。正如研究所指出，诚实—谦逊并没有抓住谦逊的关键因素，比如，能够准确地看待自己、可教性和欣赏他人。

三、中国文化中的谦逊

中国是一个有着悠久文化历史的国家，中国情境下的谦逊在结构维度上应该有其独特性，并不一定要包含西方的概念化内容。中国自古就非常重视谦逊品质，可以说中国是最早推崇谦逊的国家，《尚书·大禹谟》中的"满招损，谦受益，时乃天道"，《易经》中的"谦谦君子，用涉大川"都涉及了谦逊的概念。中国的儒家和道家思想无不强调谦逊的重要性，在中国的传统文化中，谦逊一直是人们对理想人格的道德诉求。中国学者主要通过思辨的方式对谦逊展开讨论。

在《论语·述而》中，孔子讲道："三人行，必有我师焉；择其善者而从之，其不善者而改之。"这句话不仅告诫人们要不耻下问，虚心向别人学习，而且还提倡个体应本着"有则改之，无则加勉"的自省意识，保持开放的心态，积极学习他人的长处，宽待人，严责己，不断提升个人修养，营造与他人和谐的合作氛围，追求自我卓越的实现。在《论语·宪问篇》中，孔子提到"修己以敬"。孔子认为，"卑己"虽是"尊人"，但实为自尊。谦逊可以通过赞美他人而达到自我提升和自我设限的目的。事实上，在《论语》中，孔子从多角度对谦逊进行了阐述，孔子认为，谦逊的人不自夸，不高傲，不宣扬自己的优点，虚心好学，并且认为每个人都有能力通过勤奋的练习学习到谦逊，无论他的地位或学识如何，他都不会因为问问题而感到羞耻。因此，中国儒家思想中，谦逊强调的是通过内省来达到对自我的认识。

在道家思想中，老子也强调和推崇谦逊。老子经常用水作比喻，《道德经》中提到"上善若水""水善利万物而不争，处众人之所恶，故几于道"。老子认为上善的人，就应该像水一样。水造福万物，滋养万物，却不与万物争高下，这才是最为谦逊的美德。这里用水做比喻，告诉了人们为人处世的道理。同样，《道德经》还提到"江海之所以能为百谷王者，以其善下之，是以能为百谷王"。老子从自然现象的观察之中，领悟出无形的谦逊道理。老子认为，江海之所以能成为百谷之王，是因为它具有卑下包容之德，能自卑处下，能容纳百川大江之水，所以能够称之为众流之王。清末政治家林则徐在老子的思想基础上，写出了一副堂联"海纳百川，有容乃大；壁立千仞，无欲则刚"。意思是，大海因其广博而容纳天下之河流百川；高山峭壁因其摒除了过多的私欲而保持了自己高洁的品质。老子用自然之物强调了谦逊在为人处世中的重要性。

四、管理中的谦逊

在管理的理论和实践中，谦逊很少被认为是一个重要的美德，可能是因为人们很难确定其对决策过程的贡献。管理者的许多决定都具有公正、权力或谨慎等特征，严格地讲，这些很少被认为是谦逊的行为。在人们的意识里，谦逊的行为通常属于个人的亲密范围，而不是组织的范围。《堂吉诃德》的作者塞万提斯曾说过，谦逊是所有美德的基础，没有谦逊就没有其他美德。这句话说明，谦逊不仅直接有助于个体性格的构建，而且还以一种相关的方式，间接地在个体的决定中促进其他的美德、态度或技能的形成。因此，研究者很难具体说明如何将谦逊的实践转化为具体的行动。在这里，本书首先从管理者任务的四个方面，来解释在管理决策过程为什么谦逊这种美德值得重视。最后阐述管理者如何在组织中获得谦逊美德。

（1）自我认知。决策开始于企业外部和内部环境的显性或隐性知识，包括组织和决策者的能力、优势和劣势。管理者自我认识和自我判断的深度、客观性和公正性是决策的基础。在决策过程中，谦逊的管理者可能有不同的表现。例如，谦逊的管理者在他的决定中可能会少犯一些错误，他将接受他的责任，他的行动更加透明，他愿意为员工做出解释，他也不会隐瞒错误，不会采取防御姿态，不会有隐藏的目的，例如，寻求他人的赞扬或同情。如果他不被胜利的欲望所迷惑，他可能会更有进取心，愿意接受他人的帮助。管理的野心和宽宏大量也会进一步增强谦逊。

（2）性格稳定性。决策是一个动态的过程，在特定时期做出的决定会对个人和组织的学习产生影响。当涉及一个独立的决定时，决策者所积累的历史、知识和能力似乎很容易被抛弃，但当决策者具有谦逊特质时，这种事情就不太可能发生。谦逊管理者的性格更具稳定性，在做自我评估时，他们不会自欺欺人，不会有优越感或自卑感，不会试图假装成他不是的人，也不会去想拥有他没有的东西。他们不但不害怕批评，还会接受批评。在平等的条件下，一个谦逊管理者的决策过程会随着时间的推移更加一致和稳定。

（3）改进的能力。谦逊的领导者会有更大的改进能力，因为他们愿意审视自己的长处和短处，愿意寻求帮助，愿意纠正和努力克服自己的缺点和局限。正如前面所解释的，谦逊的领导者对其局限性和错误的感知不会使他感到沮丧。他既不会满足于已经取得的成就，也不会降低他对人类和专业卓越的抱负。谦逊管理者的这种态度也会提高他人和组织的能力。

（4）人际氛围、亲社会行为与团队合作。一个谦逊领导者的大部分影响是通过他与上级、同事和下属的关系产生的。他的谦逊行为将为他消除障碍，并使个人和组织对他产生信任，这在许多方面都有所展示。首先，谦逊的管理者允许别人自由地发表意见。他会倾听他人的意见，而不是蔑视他人，而且对任何不同意他的观点或让他黯然失色的人不采取威胁性的行为。其次，他们愿意分享成功并为自己的错误和失败承担责任，但同时也要求别人承担自己的责任。最后，他们不爱出风头，当自己犯错时会道歉和纠正。他们喜欢表达感激、欣赏和温暖，不强调外在的自我评估，如外表和受欢迎程度。不对夸张或不准确的方式给予赞扬或批评，不在人与人之间进行过度的比较，特别是如果这种比较导致了竞争。所有这些都将使他能够成为一个很好的管理者，因为谦逊的人会影响他人，最终产生良好的团队氛围和人际氛围。

在团队合作中，管理者的谦逊影响力将得到赞赏。谦逊的管理者可以发现和培养别人的能力，帮助别人更好地了解自己，这样团队成员可以学习和提高。例如，谦逊的管理者会通过承认他人的经验和优点，给予他们责任，在他们的责任范围内自由决定，让其充分行使自己的工作自主权。此外，谦逊的管理者还会寻求每个人的合作，对他们的想法表现出开放的态度，鼓励他们参与问题的产生、替代方案的产生和评估、解决方案的实施。所有这些，他都将主要通过他自己的个人和专业的榜样作用来实现。因此，我们可以说谦逊的管理风格可能会对组织产生重大影响，这似乎是合理的。谦逊的管理者会把组织的目标放在自己的个人目标之前，并鼓励组织的其他成员也这样做，他会努力培养他们，使他们可以达到更高的目标。随着时间的推移，企业可能会变得不那么等级化，从而允许更多的决策转移到那些有专业知识的人身上，而较少的决策集中在有权做出这些决策的人身上；企业对话也更开放，更倾向于合作而不是对抗；企业更有创造力，新思想被接受、认可和分享。简而言之，这样的企业是一个谦逊的组织。这就是为什么 Cameron 等（2003）将谦逊作为"组织美德"之一，在他们的"积极领导"方法中认为谦逊是有助于组织的道德基础。

当然，有人会认为这是一种理想状态，因为这种理想在现实中可能得到肯定，也可能得到否定。领导者的美德发展不是一个自动的、线性的过程，而是大量自由决策的结果。它不是一个目标，而是一个持续的过程，这意味着它允许一定程度的回旋余地。谦逊的管理者可能在某些方面比其他方面更谦逊，或者在某些情况下或在某些时间点上比其他情况更谦逊。

此外，这种理想状态还取决于管理者无法控制的外部环境，取决于他的团队的人力和专业能力，还取决于与管理者有关的其他因素，如知识、经验和技能。一个有道德的管理者会试图从他的资源中得到最大的好处，但他不会总是成功，他甚至不能保证组织在低迷时期的生存。最终的结果可能是利润增加，也可能不是。但无论如何，管理者的职业道德素质和工作绩效都会提高。谦逊的管理者会不断地进行个人学习和促使下属学习，因为有正确的动机、正确的文化和结构，他们能够创建一个优秀的团队，其不仅在经济方面，而且在社会、人类和伦理方面，都能够获得最好的结果。

如何获得谦逊美德。自古以来，哲学家们一致认为，人类的美德作为有效的习惯，是在诚实的动机和努力下，通过自愿的重复行为而获得的。这就是谦逊的实现方式，因为它不是一种天生的态度和特征。任何希望获得或发展这种美德的管理者都应该首先了解为什么要让谦逊成为他生活的一部分以及谦逊对自我、同事和下属的重要性。至少在最初的时候，这些知识通常是直观的、非形式化的，通常是从其他人树立的榜样中获得的。谦逊的管理者应该懂得相关的道德原则，不是因为服从这些原则就是美德，而是因为这些原则会引导个体的行为，比如不做自己不愿意做的事、承认每个人的尊严等。这些通常可以从直觉知识开始，也可以通过实例获得。

此外，原则不能直接应用。在实践智慧的帮助下，管理者必须决定在每种具体的情况下谦逊需要什么样的行为。它们可能是消极的行为，比如不把自己评价在自己的理想之上，不轻视别人或不逃避错误的责任，它们也可能是积极的行为，比如允许别人自由发表意见、征求建议或培养正确的自我意识。这种行为必须是深思熟虑、自由自愿地选择和真实的，而不是人为的。当面对一个问题时，管理者通常会经历这样一个过程：收集必要的信息、分析问题、寻找替代方案、进行评估、做出决定、确定实施所需的步骤、进行沟通最终确保问题的顺利解决。在这个过程中，他将有机会在每一个阶段练习谦逊，比如意识到自己知识的局限性、询问他人信息、倾听他人的意见等。在美德进步的早期阶段，当管理者还不是很谦逊时，他可能发现自己很难执行这些行为，因为这些行为会违背他的自发动机，比如想要脱颖而出、坚持自己的主张或在别人面前看起来不错的愿望，而这将需要意志力来实现。然而，慢慢地，行为的重复会形成一种习惯，虽然并不总是如此，但美德的表现会更容易、更自发。

在中国，谦逊是一种很受欢迎的美德，因为人们生活在一个集体主义社会，人与人之间的交往紧密，和谐的人际关系需求让他们愿意接受行为中固有的道德规则。但有时他们也不欣赏谦逊，当他们把重点放在权力、权威、声誉的考虑上时，他们会把领导者想象成一个具有非凡品质的、英雄般的、魅力超凡的人，能够在非常困难的情况下以充分的知识和精力行动实现非凡的结果，不考虑其他人在这些结果中可能扮演的角色。

然而，在企业内部，管理者已经强烈地感觉到美德的重要性。企业管理理论的发展和组织领导的理论一次又一次地提出了谦逊领导者形象的必要性。简而言之，企业需要更丰富、更具成效的管理方法，这种方法不可能是外在的，也不可能是外部强加的，而是必须从内部产生，从能够培养出注重卓越的管理者的组织理论中产生。这种理论必须建立在美德的基础上，而美德是人类行为一致性的先决条件。因此，谦逊必将成为组织走向成功、走向卓越的必备美德。

本书解释了在组织中什么是谦逊的人，谦逊的品质如何在管理者身上体现，以及这可能对管理理论产生什么影响。在实践中，一个优秀的管理者必将是一个谦逊的管理者。谦逊的特质并不意味着这样的管理者的人际关系、职业发展以及他在公司的成功或他在社会上的声誉会受到任何阻碍。事实上，恰恰相反，谦逊的管理者是最有资格将他的公司转变成一个盈利、成功和受人尊敬的组织的人。

第二节　谦逊型领导

一、谦逊型领导概念的发展

虽然中国的谦逊文化具有悠久的历史，但目前国内学术界对于谦逊型领导（Humble Leadership）的研究还处于起步阶段。此外，值得说明的是，通过在中国知网中以谦逊、谦卑和谦虚为主题关键词进行文献搜索发现，中国学者在对谦逊型领导进行翻译时，大部分学者将"Humble Leadership"翻译为"谦卑型领导"，只有少数学者将其翻译成"谦逊型领导"。在我国词典解释中，虽然"谦逊""谦卑""谦虚"属于近义词，均有"不浮夸、低调、不自高自大"的含义，但如果仔细辨析，区别还是存在的。"谦卑"一词在《现代汉语词典》里的注解是"谦虚、不自高自大"（多用于晚辈对长辈）；"谦逊"一词在《现代汉语词典》里的注解是"谦逊恭谨"。"卑"在词典中有"低下、低劣、卑微"之意，相比"谦逊"的"不如、比不上、退让"具有更多的负面含义。结合西方学者最初对"Humility"和"Humble Leadership"的定义和内涵分析，本书认为将"Humility"翻译成"谦逊"，将"Humble Leadership"翻译成"谦逊型领导"更符合其本意。

近些年，随着积极心理学和积极的组织学术研究的兴起，谦逊得到了越来越多管理学领域研究者的关注。在管理学领域，谦逊的研究主要是基于领导理论进行展开的，从本质上来讲，谦逊型领导的概念来源于谦逊的概念和内涵。研究者指出，在不断变化的动态性和混乱的工作环境中，谦逊成为领导者应对组织未来挑战和竞争的关键性要素。例如，Weick（2001）在其谦逊的研究中指出，与傲慢相比，领导者的谦逊可以更好地应对组织环境的"不可预测性"。这些都说明了谦逊型领导存在的必要性和必然性。因此，谦逊型领导的研究也就逐渐引起了学者们和管理者们的重视。到目前为止，在学术上学者们主要从两个视角对谦逊型领导进行研究，即特质视角和行为视角。

（一）特质视角

从特质视角出发的研究者把谦逊当作是领导者的一种稳定而积极的个人品质。Vera 和 Rodriguez-Lopez（2004）在以往谦逊概念的基础上，通过对来自于 7 个不同国家的 33 名管理者的开放式访谈，总结出了谦逊领导的 13 个特征，例如接受新范式、渴望向他人学习、承认自己的局限和错误并试图改正等特征。Vera 和 Rodriguez-Lopez 指出，谦逊的领导会不同程度地展现这些特征，没有一个人在谦逊上是完美的，也没有一个人完全缺少谦逊。这些特点体现在不同的层次上，形成了每个领导独有的谦逊特征。Morris 等（2005）的研究指出，谦逊型领导与其他"自下而上"领导风格，如发展型领导、参与型领导、公仆型领导和共享型领导在概念上是有交叉的，在这些领导概念中谦逊是其重要组成部分，在这些领导理论中对领导有效性发挥着重要的作用。此时的谦逊型领导研究认为，谦逊是领导者与生俱来的人格魅力，具有不可模仿性和不可改变性。

（二）行为视角

不同于把谦逊当作领导特质的观点，很多研究者从行为出发对谦逊型领导概念进行重新解读，他们认为，谦逊并不只是领导者与生俱来的人格魅力，在管理实践中，领导者的谦逊品质还可以通过谦逊行为的践行而得以培养和形成。Owens（2009）在以往谦逊概念的基础上，对谦逊进行了进一步的界定，他认为谦逊是一种个体发展的取向，具有四个特征，分别为自我的正确认识、对他人能力的欣赏、可教性和低自我中心。在其后续的研究中，Owens 和 Hekman（2012）对以往研究者对谦逊在领导中的重要作用进行总结，从行为学视角出发，以实证为基础，提出了谦逊型领导的概念，并重新进行了维度的梳理和划分。在研究中，Owens 和 Hekman 通过多次的结构化访谈发现，领导者的谦逊人格特质是可以在实践中改变和发展的，谦逊型领导可以通过正确的自我认知、对他人的欣赏、不断地学习、听取意见和反馈来塑造并改变自己的行为。

实际上，这两种视角都有其合理之处，谦逊既可以是一种品质，也可以是一些具体的行为。但一个人是否谦逊是要通过行为指标来判断的。在管理实践中，领导者的谦逊品质可以通过谦逊行为的践行而得以培养和形成。这是因为尽管品质的培养具有其固有的艰难性，但行为却可在每次的付诸中进行较为容易的调整和改变。行为的改变得到一定的累积后，便可形成对品质的质的影响和改变。近几年，很多学者也都是从谦逊型领导的行为概念出发，来分析和验证谦逊型领导的积极作用和影响。目前学术界主要采用 Owens 等（2013）提出的谦逊型领导定义，即谦逊型领导是一种"自下而上"的领导风格，正确看待自我、欣赏他人的能力和贡献以及可教性是谦逊型领导的基本特征。本书认为，从行为视角来定义和分析谦逊型领导更具有理论意义和实践价值。

此外，要准确地理解谦逊型领导的概念还需解决一个关键问题，即确立谦逊型领导相对于其他相近的"自下而上"领导类型的独立性。以往研究认为，谦逊型领导风格与一些"自下而上"的领导风格，如发展型领导、参与型领导、公仆型领导和共享型领导在概念上有交叉，在这些领导概念中谦逊是其重要的组成部分，在这些领导理论中对领导有效性发挥着重要的作用，因此不具独立性。为了解决这个问题，Owens 和 Hekman（2012）在其研究中将谦逊型领导与其他"自下而上"的领导风格进行区分，例如公仆型领导、发展型领导、参与型领导、共享型领导，结果证明了谦逊型领导与此类领导风格在概念上是有区分的，具体内容如表 1-2 所示。

表 1-2　自下而上领导类型比较

组成要素	谦逊型领导 通过参与学习过程增强领导下属之间关系	发展型领导 领导为下属的职业生涯发展制订计划	公仆型领导 服务和培养下属，帮助下属实现共同目标	参与型领导 领导和下属在决策制定上有共同影响力	共享型领导 领导在团队中会分散领导责任和权力
核心观点					
领导行为					
承认自身的缺点和不足	X		x		
欣赏下属的能力与贡献	X	x	x		
以身作则	X				
考虑下属的职业发展		X			
团队设计及边界管理					X
领导过程					
规范下属的发展	X		x		
减少下属的不安全感	X				
转换领导—下属角色	X			x	x
鼓励建言	x	x	x	X	X
行为结果					
下属的心理自由	X		x		
下属的工作投入	X	x	x	X	X
组织工作的流畅性	X				X

注："X"表示此要素为此领导类型中包含的主要组成要素；"x"表示此要素为此领导类型中包含的次要组成要素。
资料来源：根据 Owens 和 Hekman（2012）整理。

　　具体而言，发展型领导是指那些为员工提供职业建议，细心观察和记录员工进步，并鼓励员工参加技术课程的领导者。在研究中，尽管发展型领导关注的是指导个体的职业导向，而不是个体的社会心理导向，但它与指导（Mentoring）个体密切相关。相比之下，谦逊型领导与员工之间存在非正式和相互促进发展的关系结构。谦逊型领导对员工职业生涯中的结构性规划关注较少，对领导者行为如何对员工认知产生影响关注较多。

　　公仆型领导认为，自己首先是仆人，其次是领导者，并将员工的发展视为目标，而不仅是达到领导或组织目标的手段。虽然谦逊型领导理论和公仆型领导理论有一些相似之处，但它们之间也有许多的不同之处。首先，谦逊型领导关注如何让员工参与领导过程，而公仆型领导注重如何为他人服务的过程，在与下属的沟通中体现了某种奴性特征。其次，谦逊型领导也意味着领导者和员工的心理自由、组织的流动性，以及引发领导和下属角色的逆转，这些过程在公仆型领导中并没有得到重点强调。

　　参与型领导指的是领导与员工共同决策或至少是由上级和自己的员工共同参与决策。尽管参与型领导描述了一种决策方法或结构，但它并不关注具体的反映员工发展的人际行为，以及这些行为如何影响员工和领导者的认知和态度。

　　共享型领导在当团队的所有成员都充分参与到团队的领导过程中，并且与需要相互依赖和复杂性情境最为密切的时候，通常与分配型领导、团队领导和民主领导可以互换使用。谦逊型领导作为一种垂直性领导者可能是团队中共享领导力的先决条件，但共享型领导的检验以及哪种领导方式能够培养这种领导力，都没有提到具体的谦逊领导行为，以及将不确定性合法化的过程。相反，致力于培养共享型领导的谦逊型领导却关注团队边界管理和团队设计问题。

　　总之，尽管这些密切相关的领导力有些相似之处，但谦逊型领导是独一无二的，因为它主要关注领导者对自身发展过程的透明度。虽然领导者谦逊行为的过程和结果与其他相关的领导构念之间存在一些概念上的重叠，但谦逊型领导重要的新颖性和独特性并没有在这些"自下而上"的领导风格的核心要素中体现，如可教性、下属发展和不确定性的合法化、领导—下属角色转换、组织的流动性和领导—下属的心理自由，谦逊型领导在概念上与其他"自下而上"的领导方式有显著的不同。因此，谦逊型领导可以独立成为一种领导风格，是一种多维的个体行为概念，是一种非传统的"自下而上"领导方式。

　　谦逊型领导概念独立性的确立，为学者们对其进行进一步的研究提供了一定的理论基础。为了更好地发挥谦逊型领导的积极作用，在接下来的研究中，研究者们开始关注谦逊型领导的测量问题。目前，研究者们开发了两个谦逊型领导量表，一个是 Owens 等（2013）在西方情境下开发的，另一个是 Ou 等（2014）在中国情境下开发的。Owens 等（2013）在其谦逊型领导概念的基础上，通过三个不同的研究，进一步明确了谦逊型领导的概念和内涵，并开发了包含三个维度的谦逊型领导的行为量表，具体内容如下：一是正确看待自我（Willingness to See the Self-accurately）；二是对他人能力与贡献的欣赏（Appreci-ation of Others' Strengths and Contributions）；三是可教性（Teachability）。2014年，Ou 等在 Owens 等研究的基础上，以中国领导者为主要研究对象，开发了包含六个维度的谦逊 CEO 的量表。各维度的具体内容如下，三个行为表征维度：一是对自我的觉知（Self-awareness）；二是对反馈的接受（Openness to Feed-back）；三是对他人的欣赏（Appreciation of Others）。一个认知表征维度：卓越的自我意识（Transcendent Self-view）。两个动机表征维度：低自我中心（Low Self-focus）与追求自我超越（Self-transcendent Pursuit）。

Ou 等（2014）开发的谦逊 CEO 量表与 Owens 等（2013）的行为量表相比，在同样的三个行为维度基础上，还增加了一个认知维度和两个动机维度，具体内容如表1-3所示。本书认为，领导可以在管理实践中通过谦逊行为的展现培养自己的谦逊品质，因此，本书中谦逊型领导的关注角度是从行为视角进行的。

表 1-3　谦逊型领导量表比较

量表维度	谦逊型领导（Owens 等，2013）	谦逊 CEO（Ou 等，2014）
行为表征维度		
对自我的正确认识	√	√
对他人能力和贡献的欣赏	√	√
对新知的接受	√	√
认知表征维度		
卓越的自我概念		√
动机表征维度		
低自我中心		√
自我超越的追求		√

二、中国文化中的谦逊型领导

儒家和道家思想也非常重视谦逊在管理中的作用，他们把和平与和谐的培养作为自己思想的核心理念。儒家思想强调"仁治"，在管理中强调人的作用，以人为本，进行人性化管理。中国是一个集体主义倾向的国家，关系在人与人之间的交往中起着非常重要的作用，为了关系的和睦，人们在日常生活和工作中要学会如何与周围的人保持和谐一致。儒学对关系的强调使人们看重忠诚以及友爱的价值。这些美德要求管理者在组织中保持自己的美德。领导者要无私奉献，以圣贤为榜样来促进组织和谐；领导要作为践行仁慈的典范，在组织管理中，要像对待孩子一样对待下属，包容其不足，鼓励其长处。只有这样才能更好地激发员工的积极主动性，更好地为组织做贡献。

老子在管理上强调自然的"无为"，倡导"无为而治"。老子认为，最好的统治者，人们觉察不到他的存在。其次的统治者，人们亲近他、赞誉他。再次的统治者，人们畏惧他。"无为而治"中的"无为"不是统治者绝对的无行为，而是强调不妄为，提倡统治者应探求自然万物变化发展的根本规律，然后顺应规律引导民众依照自然内生的发展动力，实现通过民众的自我发展而促成管理的"无不为"。"无为而治"不仅适用于治国，还适用于企业管理。随着全球经济一体化的推进，市场竞争日趋激烈，如何在快速多变的环境中实现高效的管理，道家"无为而治"为管理学家提供了启示，并被广泛推行至当代企业管理中，同时，"无为而治"的内涵也在新的应用背景下得到了更大的拓展。首先，无为并非消极地规避和不作为，而是能根据企业实际情况和决策需求有选择地"为"或"不为"，即管理者应当抓大放小，在事关企业发展全局和长远利益的问题上有所为，而在对企业影响较小的层面有选择地不为，放权于员工，激发员工的创造性和主动性。其次，管理者要具备伯乐识贤的智慧、求贤的格局和用贤的勇气，在充分认识员工的个人特质和优势的基础上，采用"因材施管"的策略，在用人上做到"疑人不用，用人不疑"，对贤者给予信任，使下属因受到信任而情绪愉悦地自发提高主动行为，更加努力地投入到工作中，从而实现工作效率的优化。

综上所述，老子和孔子的经典著作中都明确提到了领导者谦逊的积极作用。在中国，儒家和道家哲学一直是领导力的核心指导思想。事实上，集体主义文化下的中国人更自然地倾向于谦逊，更加重视人际关系的和谐，这是儒家和道家思想独特的文化特点和倾向。谦逊对于中国人来说更多的是谦让和友善，"一团和气"往往是中国人的理想追求。然而，尽管在中国的传统文化中，人们一直强调谦逊，提倡谦逊型领导，但已有研究对谦逊和谦逊型领导涉及较少，仅限于定性论述阶段，因此，研究者需要对其进行进一步的深入探讨，更好地发挥谦逊在管理领域的积极作用。

三、谦逊型领导的影响因素

近几年，谦逊型领导作为一种新的"自下而上"的领导风格，其领导有效性逐渐在不同的研究层面中得到支持。通过对以往谦逊型领导相关文献的回顾和整理，本书发现谦逊型领导的积极影响效应在个体层面、团队层面和组织层面的研究中均得到了相关支持和验证。

个体层面。谦逊型领导有效性主要体现在对员工的工作态度、工作行为以及绩效的影响上。Owens 等（2013）通过质化和量化相结合的方法，利用多个不同样本验证了领导的谦逊行为会提高员工的个体绩效，同时还验证了员工满意度在领导谦逊行为与员工离职倾向之间的中介作用，团队学习在领导谦逊行为与员工参与度之间的中介作用。在后续的研究中，学者们发现谦逊型领导在员工的工作态度和行为方面起着积极影响的作用，包括提高工作满意度、心理安全感、组织自尊、组织认同和自我效能感；增加员工的心理授权和增进领导下属信任关系和员工忠诚度；减少员工的沉默行为，促使员工积极建言和出谋献策以及通过不同的机制激发不同类型员工的创造力。

团队层面。谦逊型领导有效性主要体现在对团队绩效和团队氛围的影响上。实证研究结果显示，谦逊型领导与团队绩效和团队效能之间存在正相关关系。在对团队氛围的影响方面，Owens 等（2013）的研究结果显示，领导者展现出的谦逊行为与团队学习导向之间存在显著的正相关关系。Owens 和 Hekman（2016）通过 161 个团队数据，实证检验了下属通过模仿领导的谦逊行为从而形成一个共享的人际交往过程（集体谦逊），这种团队谦逊反过来会形成一个专注于逐步实现团队最高潜能的团队紧急状态（集体促进焦点），最终提高团队绩效。Chiu 等（2016）在研究中也发现，谦逊型领导能促使团队形成共享型领导氛围，最终提升团队绩效。此外，Armenio Rego 等（2017a）收集了 82 个团队数据，实证检验了领导表现出的谦逊程度可以连续通过团队谦逊和团队心理资本提升团队绩效，同时领导谦逊行为的效力（团队内部的共识)、团队谦逊以及团队心理资本将对这一提升过程进行调节。Armenio Rego 等（2017b）在中国、新加坡和葡萄牙进行的三个研究中也证明了，谦逊型领导连续通过增加团队心理资本和团队任务分配效率来提高团队绩效。

组织层面。谦逊型领导有效性主要体现在对组织整体绩效的促进和保持上。Morris 等（2005）的研究表明，谦逊型领导能正确认识自我，规避自恋自满，无私分享组织荣誉，他们对学习的渴望、对他人的尊重和欣赏的谦逊态度和行为有助于创造学习型组织氛围，推动组织学习，提高整体组织绩效水平。此外，谦逊型领导能以开放的心态接受新事物，具有识别组织威胁和机会的能力，通过整合组织资源响应外部环境的威胁和市场机遇，提高组织市场竞争力，促进组织弹性发展。Owens 和 Hekman（2012）认为，谦逊型领导有助于提升组织内部运营的流畅性，激发持续性的微变革。Ou（2011）在研究中发现，谦逊的 CEO 有助于在组织内部（特别是高层管理者团队）营造出一种授权氛围，同时促进高层管理者团队的精诚团结，进而提高组织绩效；Ou 等（2014）通过对中国 63 家私营企业的 328 个高层管理者和 645 个中层管理者的调查研究发现，谦逊的 CEO 能够影响组织的授权氛围，从而提升中层管理者对授权组织氛围的感知；Ou 等（2015）通过对美国计算机行业的 105 个中小型公司的多个时间点的问卷调查和档案数据分析发现，谦逊 CEO 所领导的公司的高层管理者团队凝聚力比较强，CEO 和高层管理者之间的薪酬差距比较低，这种谦逊 CEO 和高层管理者团队之间的和谐关系将有助于企业战略方针制定的灵活性，最终提升公司绩效；在以优秀企业为研究对象的案例研究中，研究者发现，那些具有谦逊品质领导者的组织往往是行业中的标杆，其组织成就卓越，能够持续稳定地不断向前发展。

第三节　员工主动性

一、主动性的概念和发展

从广义上讲，主动性概念所描述的是个体通过采取主动掌握和改变自我或周边环境的一种现象。正如 Bateman 和 Crant（1993）在人—环境互动关系中所阐述的，虽然人类有时在与环境的互动中表现得被动，但他们也可以通过选择情境、重构知觉和评估、无意识地唤起他人的反应以及有意地操控人际环境来积极地掌握环境。社会认知理论也指出，人类不仅是环境的产物，还能够进行反思和自我调节，并积极地对环境进行改造。然而，在劳动心理学中，传统的动机和绩效理论认为，员工是被动地适应环境和接受任务的群体。事实上，员工并不总是被动接受环境的限制，他们经常会试图通过影响和控制环境来改变现状，提高自己的适应能力。进入 21 世纪后，随着组织环境的日益动态化和分散化，员工主动行为成为了组织成功的决定性因素，研究者和管理者也逐渐意识到了员工积极塑造、影响和控制环境的重要作用。20 多年来，学者们逐渐开始在主动行为的概念和研究意义方面不断地发表自己的观点与看法，并在理论和实证上对其进行了探索和研究。到目前为止，研究者主要从三个角度对主动行为进行了研究，包括个体差异视角、行为视角以及目标过程视角。

（一）个体差异视角

Bateman 和 Crant（1993）在组织行为中的主动性研究中，首次从个体差异视角提出了"主动性人格"（Proactive Personality）的概念，他们把主动性人格定义为"个体不受情境因素约束而影响和改变环境的一种稳定的倾向"。同时，他们还进一步指出，无论在结构上还是结果上，主动性人格都不同于大五人格，"积极主动的人会不断地寻找机会、展现主动性、采取行动并坚持不懈，直到通过改变达到预期结果"。在主动性人格概念的基础上，Bateman 和 Crant（1999）对积极主动性比较强的商人进行了访谈，访谈的结果显示，积极主动的人实际上有七种行为：①对改变机会的搜索；②对以改变为导向的目标的制定；③对问题的预防和预测；④做不同的事或做事与众不同；⑤付诸行动；⑥坚持不懈；⑦取得效果。所有这些行为都旨在给未来带来积极的改变和变化。

尽管以人格为基础的方法能够解释为什么有些人比其他人更积极主动，但将主动性定义为一种性格倾向并不能帮助我们理解哪种行为在主动行为的产生过程中至关重要。因此，主动性的后期研究逐渐集中到了特定工作情境下的主动行为上，主动性人格被认为是诸类主动行为的重要个体影响因素之一。研究发现主动性人格是不同形式的员工主动行为强有力的预测因子，例如，积极求职行为、主动社会化、职业主动性以及主动工作行为，包括问题解决、建言、掌控行为、创新、问题预防。Fuller 和 Marker（2009）的元分析也支持了主动性人格在预测不同形式的主动行为上的重要性作用。

（二）行为视角

不同于期望发生变化的稳定倾向的观点，大多数关于主动性的研究都集中在了旨在带来改变的行为，这通常被称之为主动行为。其中，最重要的主动行为概念之一是 Frese 和 Fay（2001）提出的"个人主动性"（Personal Initiative）。在研究中，Frese 和 Fay 对主动行为进行了清晰阐述，认为个人主动性是个体在超出常规工作要求基础上主动地、自发地采取行动的行为集合。此外，Frese 和 Fay 还概括了个人主动性的三个主要特征：①自我驱动；②行为领先；③坚持不懈。这三个特征在目标发展、信息搜寻和预测、计划和执行以及监督和反馈四个阶段过程中彼此互相增强。然而，Frese 和 Fay 在个人主动性概念的阐述中强调了员工主动行为应与组织的目标和任务相一致，这种要求限制了主动行为调查研究的广泛性。主动意味着发生改变，这种改变既包括给组织带来的改变，也包括员工自身的改变和其周边环境的改变，因此，没有必要以特定方向或目的来定义主动行为。

除了个人主动性，在特定的情境和领域中，员工主动性的一系列行为也被相应提出，例如，主动社会化、职业主动性以及反馈寻求行为等。在不断的研究发展过程中学者们发现，尽管这些具体的主动行为研究来自不同领域，但从概念上讲它们有着共同的动机因素，即都是自发的、以未来为导向的、改变现状或改变自我的行为。基于这一点，Parker 和 Collins（2010）通过 622 名经理的自陈报告，从实证角度对这些行为进行了整合与分析，把这些有着共同特点和不同目标的主动行为归纳为三个不同的高阶范畴，具体内容如表 1-4 所示。Parker 和 Collins 的高阶结构是主动行为研究中比较有代表性的研究，他们从行为视角系统分析了主动行为的含义，从三个层次整合了现象驱动下的主动行为的相关概念，为主动行为的后续研究奠定了坚实的基础。

此外，不同于以往从个人具体目标对主动行为进行的区分，Griffin 等（2007）从组织层面对主动行为进行了区分。他们根据个体参与主动的程度将主动行为划分为与个体工作状况或角色相关的个体工作主动性（Individual Task Proactivity）、与团队工作状况或团队工作方式相关的团队成员主动性（Team Member Proactivity）以及与组织或组织的工作方式相关的组织成员主动

表 1—4　主动行为的类型、定义、行为解释以及高阶分类

高阶分类		最初定义	行为解释
主动工作行为		控制和改变组织内部环境	
	掌控行为	主动自愿地为提高组织绩效所做出的具有建设性努力或把改变当作行为导向的主动行为	尝试改善工作程序
	建言行为	即使其他人不同意，也会大胆提出建设性建议的行为	即使观点不一致或他人不同意也会与他人就工作问题进行沟通
	个体创新	产生和实施想法的行为，包括机会识别、新观念和新想法产生和执行	探索新技术或提出新想法
	问题预防	防止工作中问题重复出现而实施的自我导向性行为	努力尝试找出问题产生之缘由
主动战略行为		控制或改变组织战略，使其适应外部环境并与之情境相符	
	战略扫描	为了确保组织内外部情境做出的积极方法来识别和调查	为了观察影响组织未来发展的事情而进行的主动环境扫描
	问题推销可信性	向组织提出建议，号召组织关注组织的发展趋势以及有可能对组织绩效产生影响的事件	积极追踪和关注所提出的推销问题
	问题推销倾向	通过努力让领导者知道组织存在的问题进而影响组织策略的制定	致力于推销问题所花的时间和精力
主动个人—环境匹配行为		以改变自我或环境的方式来达到个体与环境在最大程度上的匹配	
	反馈寻求	为了获得信息而进行的一种自发的和预期的主动寻求方式	通过向主管寻求反馈获得关于自己工作绩效方面的信息
	反馈监控	主动观察周围环境或他人行为来获取信息的一种主动反馈寻求方式	观察领导对工作表现的喜好和倾向
	工作变更沟通	为了使自己的能力能够更好地与工作匹配而做出的具体尝试	与他人协商讨论工作任务和角色期待
	职业生涯主动性	为了提升自己职业生涯做出的主动回应	对自己的职业生涯进行规划

资料来源：根据 Parker 和 Collins（2010）整理。

性（Organization Member Proactivity）。在研究中，Griffin 等阐述，虽然不同形式的主动行为都有其特定的含义，但它们彼此之间也都有着明确的、适度的联系，这意味着不同形式的主动行为有相同的基础，也支持了主动行为作为一个总体概念的观点。本书将采用这一观点，在研究中把员工主动行为作为一个总体概念进行论述。

从行为视角对主动性进行定义，还需要厘清主动行为和与其相关的行为方式之间的关系。早期的一些研究含混地把主动行为当作组织公民行为的一种，事实上，它们之间有很大区别。组织公民行为是一种角色外行为，指的是一系列对组织有利但不包含在岗位责任和合同要求范围内的行为，既可以是被动的行为也可以是主动的行为。因此，根据动机的不同，可以把组织公民行为分为自愿和强制两种。主动行为是一种自发的自我驱动行为，从概念上来讲，自愿的组织公民行为属于主动行为，而强制的组织公民行为由于不具有自发性，不在主动行为的范畴内。Chiaburu 等（2011）的元分析进一步证明了这一观点，研究结果显示，在工作中带来积极改变的组织公民行为不同于在工作中维护社会环境的组织公民行为。除了组织公民行为，主动行为与创造力和创新行为也有所区别。创造力强调的是"产生新颖和实用的想法"，而主动行为是主动尝试给未来带来改变的行为，这种行为可能包括也可能不包括"新"想法的产生。

（三）目标过程视角

随着主动性概念的进一步研究和发展，学者们对主动行为做了进一步的拓展，他们认为，员工的主动行为不仅是一种单一的行为方式，而且还是一个涉猎广泛的目标过程。在对主动性多领域应用行为方式的扩展研究中，学者们将主动性概念化为一个目标过程。基于两阶段动机理论，Parker 和 Collins（2010）指出，当一个人试图通过改变带来一个不同的未来时，他们会有意识地投入到以目标为导向的过程中，这一过程包括目标生成和目标努力。目标生成包括目标设想、设定和计划实现一个积极的目标，而目标努力指实现这一目标的具体步骤，包括面对障碍时的坚持以及对实施的行为和产生的结果的反思。

事实上，主动性的过程观点并不是一个全新的概念，Bateman 和 Crant（1993）在提出主动性人格时就阐述了为实现主动目标的一个大致过程，即"积极主动的人会不断地寻找机会、展现主动性、采取行动并坚持不懈，直到通过改变达到预期结果"。尽管在早期的主动性研究文献中提及了过程视角，但比较成熟的过程研究模型在近几年才建立起来。Frese 和 Fay（2001）根据行动理论，在一个动作序列的四个阶段中概述了个人主动性的三个特征（自我启动、行为领先和坚持不懈）。他们认为每个行动阶段都是带有具体目的的主动行为，而不是一种行动或行为。Grant 和 Ashford（2008）提出了主动性过程的三个阶段：①预期；②计划；③给未来带来影响的行动。与 Frese 和 Fay（2001）的过程模型不同的是，Grant 和 Ashford 把主动行为视为经历了三个不同阶段的一种行为，此外，在研究中，他们也没有提到行为的评估阶段，检测和反馈阶段。在后续的研究中，Bindl 和 Parker（2012）在行动理论的基础上，提出了主动性行动过程模型的四个阶段：①预想；②计划；③行动；④反思。Bindl 和 Parker 的过程模型是对 Frese 和 Fay 模型的扩展，他们除了提出主动过程的四个阶段，还在研究中阐述了主动目标生成的意义以及根据目标意义进行相应行动阶段的行为。主动行为目标过程的研究丰富了主动行为的内涵，为主动行为的动态研究提供了崭新的视角。

二、主动性的影响因素

通过对以往主动性研究的回顾和梳理，本书发现现有文献对主动行为前因变量的关注比较多，主要从个体角度、情境角度、个体与情境角度三个方面探讨影响主动行为的前因变量。

（一）个体因素

知识与能力。知识与能力是影响员工主动性比较重要的前因变量。Fay 和 Frese（2001）在其研究中概括了知识和能力对主动行为产生的重要性，他们指出个体在进行主动行为之前，需要对自己的知识、技能和认知能力有全面透彻的了解。以往的实证研究也证明了知识和能力与主动行为之间的正相关关系，例如，工作资质、认知能力正向影响个人主动性，教育背景对员工的求职行为和建言行为有积极的影响，教育背景高的员工会更倾向于进行主动的求职行为和建言行为。Dutton 等（1997）的研究更加直接地证明了知识和能力对员工主动行为的影响，在研究中他们发现，员工的相关性知识（对诸如谁将受到问题的影响的洞察力）、规范性知识（对于什么样的会议和社交集会被认为是合法的洞察力）和战略性知识（对于什么是组织目标的洞察力）是问题推销（Issue-selling）的重要影响因素。Howell 和 Boies（2004）的研究也显示了情境知识与个体的推销理念之间的显著正相关关系。

人格特质。人格特质是另外一个影响主动性的重要个体前因变量。在所有的人格特质中，主动性人格是与员工主动行为最为相关的前因变量。主动性人格与员工主动行为之间的积极关系已经在很多研究中得到验证，例如，研究发现，主动性人格与网络构建、员工的主动社会化、职业生涯主动性与创新以及各种主动工作行为之间是正相关关系。Thomas 等（2011）的元分析也证明了主动性人格与各种主动行为之间的积极联系。此外，一些研究还发现，主动性人格能够通过认知动机状态，例如，角色宽度自我效能、灵活的角色定位、就业自我效能、学习动机等间接地对主动行为产生影响，这一研究结果为主动行为的间接动机机制研究奠定了一定的基础。

大五人格。除了主动性人格，在大五人格的五个特质中，尽责性和开放性也对主动性的产生有着积极的影响。通过对尽责性与主动性的研究归纳，研究者发现，尽责性具有可靠性、一致性和持久性的倾向，这些倾向与主动性人格和各种主动行为之间有着积极联系。此外，一些研究还发现了尽责性与主动行为之间关系的两面性，Major 等（2006）研究显示，尽责性的尽职尽责特征与主动性人格负相关，而其成就努力特征与主动性人格正相关。Moon 等（2008）研究发现，尽责性的尽职尽责特征与掌控行为正相关，而其成就努力特征与掌控行为负相关。因此，关于尽责性是否能够预测所有主动行为还有待于研究者们进一步探索。

开放性是另一个有利于主动性的大五人格特征。具有开放性人格的个体倾向于对不熟悉的事物和环境进行探索，这种探索是进行主动行为的一个必要的前提条件。然而，Bateman 和 Crant（1993）对于开放性人格对员工主动行为的积极作用提出了质疑，他们指出开放性也意味着对他人思想和想法的忍受，这将导致人们不愿意接受挑战，因此，他们认为开放性与主动性人格无关，也不会产生相应的主动行为。这一观点表明，开放性不是预测主动行为潜在影响的理想人格类别。但很多研究者并不支持他们的这种观点，他们认为开放性是一个概括性的定义，当把开放性放到具体的情境中时，就会发现开放性对主动行为的积极作用。Major 等（2006）研究发现，在行动、思想和价值观方面的开放性能积极预测主动性人格。Lepine 和 VanDyne（2001）的研究结果显示，行动方面的开放性与建言行为呈正相关关系。现有的研究结果表明，开放性人格的某些方面确实有助于促进员工主动行为。

未来导向和目标导向。未来导向和目标导向也是影响主动性的个体前因变量。未来导向指的是个体在目标设定、计划和评估过程中考虑未来的程度，而主动行为本身就意味着个体要从长期的关注焦点去考虑可能的结果并采取行动。Parker 和 Collins（2010）的实证研究证明了未来导向能够预测多种主动行为，例如，创新、战略扫描、职业发展主动性、问题推销等。Strauss 等（2012）的研究也显示了未来导向与积极的网络职业生涯行为之间的正相关关系。此外，Grant 和 Ashford（2008）在其研究中指出，未来导向不仅会影响员工主动行为，而且还在不同阶段持续地影响个体的整个主动过程。主动行为的三个阶段类似于 Nurmi（1991）提出的未来导向的三种面向未来的过程，主动行为的这三个阶段在强烈的未来导向的指引下，能够使个体提前思考、提前计划，并为了未来采取行动。

由于目标导向会影响个体在目标选择中的注意力和方向，因此也会对员工主动性产生积极的影响。目标导向有两种类型，分别为学习目标导向与绩效目标导向。一些研究发现，两种目标导向都会对员工主动行为产生积极的影响，例如，Elliot 和 Harackiewicz（1996）的研究表明，尽管学习目标导向与绩效目标导向的出发点不同，但他们关注的焦点都集中在如何获得有利的结果，因此这两种目标导向都会产生积极的影响。Chiaburu 等（2007）的研究也显示了学习导向与绩效导向对主动性人格的积极影响。而另外一些研究则发现，学习导向与绩效导向并不一定都会对主动行为产生积极的影响，例如，Tuckey 等（2002）的研究结果显示，学习目标导向并不能预测反馈寻求行为，而绩效目标导向与反馈寻求行为之间呈负相关关系。Bettencourt（2004）的研究发现，绩效目标导向与掌控行为之间存在显著的正相关关系。此外，研究还发现，具有高学习目标倾向的个体比具有高绩效目标倾向的个体更容易产生积极的反馈寻求行为。

对认知的需求。对认知的需求也是影响主动性的个体前因变量。正如前文所述，主动性是一个以目标为导向的过程，这一过程涉及计划、执行等的认知和行为因素。从这一角度来看，主动性不仅涉及"做"的问题而且涉及"想"的问题，比如想象如何使事情变得与众不同，如何产生新的想法或如何改变做事的方式等。因此，就其本身而言，考虑思维导向的性格比行动导向的性格更重要。与此观点相一致，Wu 等（2014）提出，认知需求作为一种参与和享受思考的性格倾向，对积极主动行为有积极的贡献。认知需求高的人往往具有活跃的、探索的头脑，通过他们的感官和智力，他们能从周围的环境中获取信息。因此，他们更可能花费精力在信息获取、推理和问题解决上，以应对遇到的各种各样的困境。因此，高认知需求的人期望轻松地发起偏离现状的改变。他们也可能在任何给定的情况下处理更多的信息，因此能够更好地预测未来，并提出应对预期状况的计划。

Wu 等（2014）对认知需求与主动性的相关性进行了深入研究。首先，他们认为认知需要高的人更有可能参与和享受具有新颖性、复杂性和不确定性的情境。Griffin 等（2007）指出，当工作环境涉及不确定性和工作角色的某些方面无法正式确定时，主动性是很重要的。其次，认知需求高的人在追求理解的过程中，将新知识与之前的知识联系起来的能力更高，并且可以灵活地改变学习策略来获取新信息。因此，他们可以快速地处理信息，这对主动性是有帮助的，因为为了实现一个前瞻性的目标，个体必须在确定什么类型的信息是有价值的情况下，才能做出适当的计划，给未来带来改变。高认知需要的个体在认知加工后倾向于对客体形成一种强烈的态度。这种态度会维持与其态度相一致的行为。因此，高认知需求的人更倾向于坚持追求前瞻性目标，因为一旦他们花时间思考，就会产生这种想法。综上所述，Wu 等（2014）预测，相对于低认知需求的个体，高认知需求的人更有可能进行积极的工作行为。因为他们喜欢新颖的情境，希望从情境中获得信息，他们对目标有强烈的承诺感，并且更有能力适应在主动过程中遇到的障碍。

自我价值感。与个体控制知觉和自我价值感相关的性格构念，如自尊，也与主动行为相关。Parker 和 Sprigg（1999）的研究表明，积极主动的员工有更高的掌控感，他们相信自己可以对即将发生的工作要求进行控制。同样，Frese 和 Fay（2001）在其研究中发现，与积极管理不良情况相关的构念，如问题聚焦的应对和错误处理与个人主动性正相关。在行为方面，拥有积极核心自我评价的人倾向于参与更多的社交网络建设活动，这是社会领域中的一种积极行为方式。此外，情绪能力还与反馈寻求、与上司的关系发展正相关，因为他们有感知和调节情绪、利用情绪线索指导行为的能力，较高的情绪能力被认为在与上级互动时压力较小，并被认为能够从积极的社会行为中获得更多的回报，如理解上级的需求和态度等。

总之，关于个体特征的各种前因变量已经提出并在主动性的研究中进行了检验。然而，一些个体前因变量的影响要么很少被检验，要么不可靠或者不被完全理解。此外，以往研究很少讨论关系倾向在主动行为形成中的作用。因此，还需要做进一步的调查和分析。

（二）情境因素

工作设计。情境因素对于员工主动性的影响至关重要。以往研究表明，工作设计在员工的工作态度、行为和幸福感方面起着非常重要的作用，工作设计是主动性的前提条件。对于新员工来说，与他人互动的机会是预测其主动社会化的关键因素。同样，组织中较高的职位和获得资源的机会也与建言行为有积极的关系，这两个工作特征的关键因素增强了员工的责任感。此外，工作设计还有助于保持个体对主动行为的掌控感。工作中的主动行为与个体对控制力和能力的感知密切相关。工作设计的特征，如工作自主性和工作控制，能够促进个体对这些能力的感知，因此与较高水平的个人主动性积极相关。研究发现，工作自主性与个人主动性、想法的实施和问题的解决呈正相关关系。Frese 等（1996）的纵向研究结果显示，工作控制和工作复杂性与员工在工作中的个人主动性积极相关，在研究中他们还建议，为了提高员工在工作中的个人主动性，组织应该更多地关注如何增加工作控制和工作复杂性，而不仅关注如何选择具有主动性格特征的员工。

除了线性关系，工作设计与主动行为之间还存在非线性关系。例如，个人的工作控制与建言行为呈"U"形关系，建言行为在高水平和低水平的工作控制中会比较多，而在中等水平的控制中比较少；消极的工作特征也可能对主动行为产生积极的影响；具有较高角色模糊性和不确定性的员工，特别是当他们对模糊性的容忍度很低的时候，他们更倾向于主动地寻求反馈；工作压力能够激发员工采取积极主动的方式去减少期望和实际状态之间的差异。此外，Ohly 等（2006）还发现时间压力与创造力和创新之间存在倒"U"形关系。这一结果表明，适度的时间压力可能会带来更大的创造力和创新。

总之，目前关于工作设计和主动性行为的研究表明，主动性行为可以由积极和消极的工作特征所塑造。积极的工作特征，如自主性和控制性，代表了允许个体采取主动行为的条件；而消极的工作特征，如不确定性、时间压力和情境约束，代表了采取主动行动以应对挑战的必要性。两者都可以通过不同的机制促进主动行为的产生，这也意味着未来还需要做进一步的研究。

领导力。领导是员工主动性的一个潜在的重要前因变量，他会直接影响到员工是否愿意进行带来改变的行为。大量的研究表明，积极的领导行为与更多的主动行为相关。在积极领导行为与主动行为的研究中，变革型领导对于主动行为的研究较多，研究发现，变革型领导可以通过给员工建立清晰的愿景，提供个性支持，激发思考，激发员工的创新行为、组织倾向的主动行为及人际之间的主动行为。除了变革型领导，研究还发现，参与型领导鼓励下属参与决策的行为能够预测高水平的主动服务绩效；魅力型领导以及对高层管理的信任会促发员工对组织更高的情感承诺进而产生更多的创新行为；领导的奖励行为与以改变为目的的公民行为正相关。

然而，领导支持行为与员工主动行为之间的关系存在不一致的现象。一些研究结果显示，领导支持能够预测高水平的创造力、个人主动性、建言行为及改变环境的主动性；而另一些研究显示，领导支持与想法产生和实现之间没有显著的关系或呈负相关。在积极领导行为对主动行为影响的研究中，除了变革型领导，无论是理论建构还是实证研究都较少关注具体的领导风格对主动行为的影响。对具体领导风格关注的缺乏可能是造成这种不一致现象的原因。

消极的领导方式可以抑制员工主动行为的产生。例如，辱虐型领导由于降低了员工对互动公平的感知而减少了亲社会的建言行为。Burris 等（2008）的研究证明了辱虐管理会通过增加员工的心理脱离而减少建言行为。此外，领导—成员交换关系的质量也会对员工的主动行为产生影响。例如，高质量的领导成员交换关系与个体创新、建言行为及以改变为导向的组织公民行为积极相关。领导的关心也能够提高员工的反馈寻求行为。

领导的期望和态度也能够影响员工的主动行为，例如，当领导者期望他们的下属成为创新者或创新的支持者时，他们的下属会表现出更多的创新行为。高层管理者对变革的开放程度与员工愿意承担责任的意愿之间正相关。同样，在一项定性研究中，研究者们发现高层管理人员的倾听意愿与员工认为进行问题推销是有利的看法是正相关的。然而，关于领导和主动性行为的研究并没有对领导者如何塑造员工的主动性行为提供详细的机制，也没有在不同层次对这一过程进行区分。为了解决这个问题，Parker 和 Wu（2014）提出了一个概念模型，在模型中，他们确定了领导者影响员工积极性和主动性的多种方式，以及他们主动性的有效性。基于 Chen 和 Kanfer（2006）的个体和团队动机的多层次模型，Parker 和 Wu 区分了团队导向和个人导向的领导输入对主动性动机的影响。不同类型的输入有助于解释领导者如何通过以团队为导向、跨层次的过程以及以个人为导向的过程来塑造员工的主动性动机。团队导向的动机影响整个团队或所有团队成员，因此代表了对个人动机的情境效应。而个人导向的动机影响特定的团队成员，而不是所有的团队成员，因此代表了个人对动机的影响。例如变革型领导应该关心团队输入，因为变革型领导理论认为，有效的领导者会激励他们的下属，通过改变追随者的价值观和优先事项，激励他们做出超出预期的表现。相反，在领导者与特定下属之间的领导—成员交换关系中，领导者的行为应该被认为是一种面向个人的输入，因为领导者可以与不同的下属发展不同的领导—成员交换关系，因此，在每一种关系中，下属的行为都会有所不同。具有团队导向和个人导向的领导输入可以通过领导的行为对下属的动机和能力产生直接的影响，同时领导也可以通过对团队氛围、工作设计以及其他级别的输入对员工的动机和能力产生间接的影响。Parker 和 Wu 的概念模型为未来领导力和主动性的研究提供了方向。

组织情境。除了工作设计和领导，组织情境也是影响员工主动行为的一个前因变量。主动行为通常会挑战现状，因此，积极主动也意味着改变其他人的工作方式或组织中的规则，这也是主动性行为有风险的原因之一，它可能会引发来自同事或管理系统的挑战。因此，一个支持和安全的组织氛围有助于促进和培养员工的主动行为。这一观点已得到不同研究的支持。例如，在工作中能够得到他人的支持或满意的个体更容易进行主动行为。Axtell 等（2000）在其团队层面的氛围结构研究中发现，团队的安全氛围、创新支持氛围以及管理支持氛围通常都会促进团队成员想法的产生和实施。Axtell 等（2006）通过纵向研究进一步检验了管理支持的变化与建议变化之间的正相关关系、团队对创新支持的变化与建议实施之间的正相关关系。根据这一机制，良好的组织氛围可以通过"能做"过程来促进员工的主动性行为，如提供员工的心理授权、增加员工的成功感知概率、降低员工的形象风险；通过"愿意做"过程，提升对改变的责任感。与这些有利的组织因素相比，对消极后果的恐惧、不确定性、裁员条件和文化保守性相关的不利环境因素会阻碍个体进行积极主动行为的意愿，如问题推销。一个主要原因可能是，在这些不利的组织环境中，员工会认为自己的积极主动行动成功的可能性很小，从而放弃主动，消极等待。

除了组织氛围因素，组织规范、新员工的组织社会化策略、程序与分配公平感、组织政策明确性等组织因素也会影响员工的主动行为。具体来说，当频繁的反馈寻求变成常态时，员工会倾向于寻求反馈，因为在这种背景下，印象管理的风险较低。对于新员工的社会化而言，组织采取的集体的、正式的、有序的、固定的策略与角色创新负相关关系。而授权策略被发现与角色创新正相关，与自我改变负相关。这一研究结果表明，组织社会化策略确实影响新员工在改变工作内容或自我时的主动行为。Moon（2008）发现，程序和分配公平感与责任感正相关，这意味着认为更高程序和分配公平感的员工更有可能挑战现状，因为他们相信自己会被公平对待，因此，这种主动行动的成功结果可以充分地归因于员工。此外，清晰的组织政策对于激发员工的主动性非常重要。如果员工知道他们的组织中发布了一个环境政策，那么就更有可能激发与环境相关的主动性。总的来说，这些发现都揭示了组织环境在促进主动行为中的重要性。

文化。文化作为一个广泛的背景因素，也可以影响个体的积极主动行为。这是因为文化塑造了个人的观念、价值观和认知，从而决定了环境的规范，反过来又决定个人的行为。迄今为止，有三个研究检验了文化在塑造个体的积极主动行为中的作用。第一项是 Claes 和 Ruiz-Quintanilla（1998）的研究，其发现男子气概、不确定性规避、集体主义和权力距离通常与职业规划、技能发展、咨询和人际交往等主动性职业行为负相关。然而，他们研究结果的可信度有待商榷，因为他们只使用了同一国家的受访者在国家文化维度上的国家平均数，而不是受访者在每个维度上的个人分数，这导致了国家层面的文化措施与个人层面的主动职业行为的水平不一致。此外，他们在数据分析上也没有使用多层建模。第二项是 Shane 等（1995）进行的研究，他们的研究是关于文化对国家层面创新倡导战略的影响。其研究报告显示，在不确定性规避较高的社会中，人们更倾向于遵循组织规范、规则和程序来促进创新；在更高权力距离的社会中获得更高权威人士的支持，而不是组织成员的广泛支持；在高集体主义社会中，发出跨部门的创新呼吁。第三项是 Morrison 等（2004）进行的研究。他们的报告显示，针对新员工的反馈寻求，来自美国的新员工的反馈咨询比来自中国香港的多。这种差异与自信和权力距离方面的文化差异有关。自信和权力距离高的人（美国人）比自信和权力距离低的人（中国香港人）报告了更多的咨询反馈。这些发现为民族文化对主动行为的影响提供了初步的证据。然而，仍需要更多的研究来理解这些文化差异的本质。

除了个人因素和情境因素对主动行为的影响外，动机过程也是主动行为的重要前因变量，它被认为是主动行为最直接的影响因素。主动行为的前因变量还可以进一步划分为近端变量和远端变量。动机过程是主动行为的近端变量，个体因素和情境因素是主动行为的远端变量，部分远端变量通过近端变量对主动行为产生一定的影响。

（三）个体与情境因素

到目前为止，本书已经探讨了个体、情境作为前因变量对主动行为的主要影响，然而，个体影响和情境影响并不是独立的，它们可以共同影响个体的主动行为。本小节将探讨个体和情境前因对主动性行为的交互影响。

首先，根据情境力量假设，行为倾向对具体行为的影响在相对较弱的情境下比较强，工作控制、工作自主性或模糊状态都可以增强性格对主动行为的积极影响。具体来说，在员工可以决定自己如何工作的高工作控制的工作环境中，性格的力量可以很容易地通过利用现有资源触发主动行为。Parker 和 Sprigg（1999）的研究发现支持了这一观点，他们的研究显示，工作控制对主动性人格高的员工的高工作要求压力有显著的缓解作用，而对被动人格高的员工没有显著的缓解作用。他们认为，这是因为与主动性人格低的员工相比，主动性人格高的员工可以利用高水平的工作控制来更有效地管理他们的工作要求。

其次，领导力和组织的氛围结构及其与性格因素的交互作用也被发现有类似的增强过程。例如，Kim 和 Wang（2008）的研究表明，在组织公平高的情况下，主动性人格高的个体倾向于向上级寻求反馈，而上级通常会提供积极的反馈。同样，McAllister 等（2007）发现，员工对自己的工作角色定义的范围越广，越有可能在组织程序公正水平高的情况下负责。Griffin 等（2010）发现，当领导给角色宽度自我效能感高的员工提供强有力的工作愿景后，他们会继续从事更积极主动的行为。这些研究结果表明，当员工有高的主动行为倾向时，良好的情境会鼓励他们更积极地进行主动行为。良好的情境除了对主动行为有直接影响外，还可能对主动行为的动机产生影响。例如，Fuller 等（2006）发现，增加员工对资源或战略相关信息的访问，可以增强主动性人格高的员工的责任感。

相反地，有些情况会降低一个人的积极主动倾向。基于刻板印象威胁理论，Gupta 和 Bhawe（2007）提出性别的刻板印象威胁对女性的创业意向有负面影响。在大家的印象中，创业与男性有关，与女性无关。女性在创业中具有消极刻板印象，当她们意识到这种刻板印象并相信别人是根据这种刻板印象来评判她们时，她们对成为企业家的渴望就会减弱。Gupta 和 Bhawe 还提出，对于主动性人格高的女性来说，刻板印象威胁对她们的创业意愿的影响比较大。主动性高的人有成为企业家的倾向，而刻板印象威胁的影响在那些关心刻板印象任务的女性中会更强。Gupta 和 Bhawe 提出的假设得到了实验的支持。在实验中，刻板印象威胁对创业意愿的负面影响在主动性人格较高的女性中更强，这表明个人的主动倾向在某些情况下也会受到限制。

　　然而，情境特征对个体差异具有补偿作用，一些涉及积极角色的情境特征会直接影响某些人的主动行为。例如，行为可塑性理论认为，低自尊的人倾向于根据外部环境来采取行动。因此，良好的情境因素对主动行为的有利影响在自尊水平较低的人群中更为显著。LePine 和 Van Dyne（1998）的研究直接支持了这一观点，研究表明，在自我管理的群体中，低自尊的个体比高自尊的个体更容易接受促进建言行为的有利情境特征。此外，变革型领导与个体创新的相关性在个体的组织自尊水平低的情况下更强。同样，对于自我效能感较低的个体来说，工作控制和主动性之间的关系更强，这表明自我效能感较低的个体比其他个体更依赖工作控制的资源来进行主动行为。行为可塑性现象也出现在绩效目标导向高的人群中，导向高的人倾向于根据预期绩效调整自己的行为，并倾向于得到领导的赞扬。Bettencourt（2004）的报告指出，在绩效目标导向高的员工群体中，权变奖励领导与主动行为之间存在负相关关系，因为在这种情况下，绩效目标导向高的人倾向于关注角色内任务，来获得与权变奖励领导要求一致的工作能力。然而，在同样的群体中，变革型领导与主动行为之间是正相关关系，因为在这种情况下，他们倾向于角色外任务，并参与积极的行为，以达到与变革型领导要求一致的工作能力。

　　事实上，在认知需求的研究中，Wu 等（2013）也发现情境特征对个体差异具有补偿作用。简单来说，他们发现当工作自主性和时间压力较低时，认知需求对个体创新行为的塑造更为重要，而当工作自主性和时间压力较高时，认知需求对个体创新行为的塑造则不那么重要。他们认为，出现这种情况的原因是，在不考虑员工性格倾向的情况下，高工作自主性和时间压力使员工更富有创新精神。当工作自主性和时间压力较低时，没有情境力驱动个体创新，员工的认知需求对个体创新行为的形成起重要作用。2012 年，Den Hartog 和 Belschak 描述了变革型领导、角色广度自我效能感和工作自主性对主动行为的三种交互作用。结果表明，当工作自主性高时，变革型领导能够更有效地激发角色广度自我效能感高的员工进行主动行为；而当工作自主性低时，变革型领导能够更有效地激发角色广度自我效能感低的员工进行主动行为。这一发现表明，工作特征决定了变革型领导是具有促进个体表现出主动性性格倾向的作用，还是具有引导性格倾向较弱的个体表现主动性性格倾向的作用。他们的研究为更好地理解个人和情境因素在塑造主动行为中的共同影响，提供了一个更加详细的交互模型。

　　性格可能在主动行为中对情境起到补偿作用。例如，那些具有高性格信任倾向和亲社会动机的个体，即使他们认为他们的领导不值得信任，也会表现出高水平的与工作相关的主动性。性格的力量（信任倾向）可以弥补情境力量（管理者可信度）在加强亲社会动机和绩效之间的关系。当与不顾他人感受的主管一起工作时，个体的学习目标取向在他们感知反馈寻求的更高价值和更低成本时变得更重要。当上级对学习目标取向的考虑程度较低，而对目标达成结构的启动程度较高时，学习目标取向与反馈寻求感知价值的关系更强。因而得出结论，个体的性格在维持反馈寻求价值上对情境具有补偿作用。

综上所述，根据以上研究结果，可以说个体与情境因素之间的交互作用比我们预期的更为复杂。进一步的研究需要提供一个综合的框架来整合或阐明个体和情境因素对主动行为的潜在交互作用。

第四节　研究分析

领导行为与员工主动性的研究已成为管理学的研究热点。通过对谦逊型领导和员工主动性文献的回顾与梳理，本书发现这两个领域在研究上已经取得了一定的研究成果。谦逊型领导的研究具有以下特点：第一，谦逊已不再只是领导者天生的个体特质，谦逊型领导的研究已经从特质视角转为行为视角。第二，研究者已经在概念上区分了谦逊型领导与参与型领导、公仆型领导、发展型领导以及共享型领导之间的差异，证明了谦逊型领导具有独立性，而不是其他"自下而上"领导风格的维度。第三，研究者已经开发了谦逊型领导的测量量表，为领导谦逊行为的测量和实证研究奠定了一定基础。第四，研究者已经发现了谦逊型领导的积极作用和影响，并验证了其对建言、工作投入、绩效等多种员工的工作态度、行为和绩效的影响。

主动性的研究具有以下特点：第一，主动性不只是人的一种个性特质，还是一种个体行为或目标行为过程。第二，研究者的关注点已从主动性人格转移到个体的主动行为，认为主动性人格是主动行为的前因变量。第三，通过个体和情境因素激发员工主动行为已成为组织研究者的共识。第四，以往研究已经对激发和阻碍主动行为的领导因素进行了大量研究，为谦逊型领导对员工主动行为的影响机理研究提供了理论基础。

尽管已有研究对谦逊型领导和员工主动性的研究取得了丰硕的成果，但现有研究还存在以下不足，具体内容如下：

首先，开发中国情境下的谦逊型领导测量量表，是目前谦逊型领导实证研究需要解决的问题。目前谦逊型领导的概念和研究均来自于西方，而领导行为是植根于一定文化背景下的特殊行为现象，它会受到文化差异的影响而具有不同的内涵和效能。Chiu 等（2012）提出，中国情境下的谦逊在结构维度上应该有其独特性，并不一定要包含西方的概念化内容，现实和理论上的差异使得中国谦逊型领导的研究不能完全照搬西方的理论和研究。此外，尽管 Ou 等谦逊型领导的量表是在中国情境下开发的，但其被试的选择及量表测量对象均为CEO，缺乏对其他层级领导谦逊行为的测量。其谦逊概念和题项的生成理论上都是基于西方的现有文献，虽然这种方法有其优点，但可能不能完全捕捉到中国文化背景下谦逊型领导的独特性和完整性。因此，中国文化背景下谦逊型领导的结构维度有必要进行进一步的探讨。

其次，缺乏谦逊型领导对员工主动性的研究。在领导行为对主动行为影响的研究中，除了变革型领导，无论是理论建构还是实证研究都较少关注具体的领导风格对员工主动行为的影响。随着组织面临的环境复杂多变、难以预测，传统的"自上而下"领导方式过分强调严格的上下级管理以及领导权力对员工行为的影响，显示出了许多局限性。相反地，"自下而上"的领导方式逐渐成为研究者和管理者关注的焦点。近年来，随着谦逊特质在工作中的积极作用的不断被发现，谦逊型领导风格得到越来越多研究者和管理者的关注。谦逊型领导对下属的态度、行为及绩效都会产生一定的积极影响。部分研究已验证了谦逊型领导能够促进下属的建言行为，但主动行为既是一个涵盖性术语，也是一个包含各种具体行为的术语。主动行为包含一系列行为，如主动社会化、职业主动性以及反馈寻求行为等。为了更好地验证谦逊型领导与员工主动性之间的关系，本书选取了两个员工主动行为作为因变量。因现有文献仍然缺乏谦逊型领导对目标调节行为的研究，本书选取了作为工作场所中员工实施的具有变革性的目标调节行为这一涵盖型概念作为因变量。从社会学习的角度选取反馈寻求行为作为第二个因变量。此外，积极领导行为与员工主动行为之间的关系存在不一致的现象，一些研究认为领导的支持行为与员工主动行为呈正相关关系，而另外一些研究则认为，领导的支持行为与员工的主动行为之间没有关系。因此，为了推进理论和实践的发展，谦逊型领导方式是否能够更好地培养和促进员工的主动行为需要研究者进行进一步的探讨。

再次，谦逊型领导影响员工主动性的内在机制仍然缺乏探讨。本书从动机和社会学习两个角度来探讨谦逊型领导对员工主动性的影响。动机是影响主动行为的最直接的影响因素，学者们倾向于将动机作为领导对主动行为影响的机制。例如，黄攸立等（2015）发现内在动机中介变革型领导和员工主动行为。彭娇子等（2016）的研究发现，心理所有权在变革型领导与员工建言行为之间起中介作用。周建涛（2016）的研究显示，员工的心理安全感知在谦逊型领导与以改进为导向的员工建言行为之间的关系中起到部分中介作用。然而，现有研究往往基于单一的动机视角解释领导行为对员工主动行为的发生机制，对领导行为与主动行为影响的作用机制的探讨比较零散，缺乏系统性。Parker等（2010）提出的主动动机模型为领导行为与主动行为关系的研究提供了一个系统性的分析框架。在研究中，Parker等提出个体主动行为的出现取决于个体是否有进行主动的能力，是否有想带来改变的意愿以及是否有促进主动行为的积极情绪，这三个动机路径与动机系统理论中的信念、目标和情感三个动机源的出发点相吻合，从三种动机状态"能力"（Can do）、"意愿"（Reason to）、"情感"（Energized to）出发，系统提出了主动行为产生的动机过程，为主动行为的研究提供了一个新的视角。在现存的主动行为的文献中，虽然三种动机机制中的每一种机制都得到了很好的发展，但把这三个动机机制整合起来进行全面、系统化的研究却很少。本书在依恋理论和主动动机模型的基础上，从角色宽度自我效能、情感承诺和积极情绪三个动机路径出发，构建谦逊型领导影响员工主动行为的多中介路径。

在日常工作中，员工对工作信息的收集是其工作顺利开展的重要影响因素。这就需要员工有主动寻求反馈的行为。社会学习理论提出了一个"刺激—生物—反应"框架，这一框架表明，个体的认知在模型刺激与行为反应或模式之间起着重要的中介作用。心理安全是一种认知状态，在这种状态下，员工感到能够展示和表现自己，而不担心对自我形象、地位或职业产生负面影响。因此，根据谦逊型领导的特征以及员工反馈寻求行为的心理需求，本书选择心理安全作为中介变量，构建谦逊型领导影响员工反馈寻求行为的研究模型。

最后，谦逊型领导对员工主动性影响的边界条件还不清晰。现有研究发现，领导行为与员工主动性之间的关系会受到个体因素和情境因素的影响。例如，Griffin等（2010）的纵向研究结果显示，当员工的角色宽度自我效能感高时，领导者愿景对员工工作中的主动行为影响的积极作用就会增强，反之，当员工的角色宽度自我效能感低时，领导者愿景对员工工作中的主动行为影响的积极作用就会减弱；Belschak 和 Den Hartog（2010）的研究发现，员工的角色宽度自我效能在变革型领导与个人主动性之间的正相关关系中起到了调节作用，而工作自主性则再度调节了角色宽度自我效能的调节作用。在谦逊型领导与员工主动行为关系的研究中，本书从下属为中心（Follower-centric）视角选取下属对领导谦逊行为的真实性感知作为调节变量。作为一种非传统的领导风格，领导的谦逊和真实性之间的联系得到了越来越多的关注。谦逊的真实性是影响谦逊型领导的重要因素，领导的谦逊在下属看来是否真实是决定谦逊产生积极或消极作用的重要因素。因此，本书从下属为中心视角出发，探讨真实性感知是否将影响谦逊型领导的有效性具有非常重要的意义，是对现有研究的重要补充。在谦逊型领导与员工反馈寻求行为关系的研究中，本书选取工作不安全感作为调节变量。以往的研究大多集中于任务和角色的不确定性，忽略了来自工作持续性和工作条件的不确定性（即工作不安全感）。因此，我们引入工作不安全感作为心理安全有效性的一个重要边界条件具有非常重要的意义。

综上所述，随着市场环境的日益复杂化和动态化以及企业经营理念和管理模式的不断变化与更新，领导行为如何提升员工主动性已经成为企业发展迫切需要解决的问题，然而现有理论建构和实证研究在具体领导风格对主动行为影响方面的关注不足，特别是谦逊型领导。基于此，本书首先开发中国文化背景下谦逊型领导的量表，随后，在此基础上，构建谦逊型领导对员工主动行为、反馈寻求行为影响的理论研究框架，通过对二者之间关系的作用机制和边界条件的揭示，从而对现有研究在以上几个方面存在的不足之处进行补充，并为管理实践提供有效的决策支持。

第二章 中国文化背景下谦逊型领导的结构与测量

第一节 量表开发的步骤与方法

近几年，随着市场竞争环境的不断动态化，国内外的组织研究者们开始广泛关注谦逊在领导过程中的重要作用，西方学者从实证主义角度提出了谦逊型领导的概念。然而，领导的概念和结构嵌入在文化之中，它的概念和结构却有可能因为国家文化的不同而不同。自古以来，谦逊品质就是中国人非常重视的道德品质，在中国的传统文化中，谦逊一直是人们对理想人格的道德诉求。中国的儒家和道家思想无不强调谦逊的重要性，在老子和孔子的经典著作中都明确提到了领导者谦逊的积极作用。研究者提出，中国情境下的谦逊在结构维度上应该有其独特性，并不一定要包含西方的概念化内容，现实和理论上的差异使中国谦逊型领导的研究不能完全照搬西方的理论和研究。此外，尽管 Ou 等（2014）谦逊型领导的量表是在中国情境下开发的，但其被试的选择及量表测量对象均为 CEO，缺乏对其他层级领导谦逊行为的测量。其谦逊概念和题项的生成理论上都是基于西方的现有文献，虽然这种方法有其优点，但可能不能完全捕捉到中国文化背景下谦逊型领导的独特性和完整性。因此，中国文化背景下谦逊型领导的结构和测量有待进一步研究。

现有研究对于中国文化背景下谦逊型领导的维度结构及关键测量指标并不了解，本书将结合定性和定量两种研究方法逐步深入地探析企业领导者谦逊行为的具体内涵和维度。量表的构念效度则是基于对测量结果的推论得出的，只有实现理论构念与其题项或测量指标之间的高度一致，才能开发出一个具备构念效度的量表，在测量的过程中，研究者得到的支持证据越多，目标构念的测量和估计就越能得到保证。为此，本书通过一系列的研究步骤去逐步验证谦逊型领导的构念效度。

本书根据 Hinkin（1998）的量表编制方法，开发谦逊型领导的测量量表。这一量表的开发验证过程包括三个步骤：

步骤一：测量题项的生成与内容效度检验。测量题项的生成可以遵循两种方法：演绎法和归纳法。由于本书并不充分了解目标构念具体内容的内部结构以及操作概念时所需的关键测量指标，并且开发量表的题项如果直接来自于被调查者，有利于发展适合研究情境的量表，因此，本书采用归纳法进行测量题项生成。本书首先通过半结构化访谈的方法了解谦逊型领导构念的内容与结构，然后采用开放式问卷调查的方法产生测量题项。在获取到题项后，研究者需要根据测量学的原理对那些容易引发歧义、不能反映目标构念实质及会降低测量质量的指标进行删减，因此，本书对测量指标进行进一步的内容效度检验。

步骤二：初始量表内部结构检验。为了确认量表的测量指标是否反映了同一个理论构念，本书对量表的内部结构展开了评价测量和实证检验。借助问卷调查法获取的研究所需数据，本书采用探索性因子分析、验证性因子分析以及信度分析对量表的维度和题项的心理测量特征进行了实证检验。

步骤三：效度检验。通过分析量表的内部结构及测量误差能够帮助研究者评价其测量质量，进而剔除与测量要求不符的指标。然而两阶段的定量分析并非保证量表构念效度的充分条件，它只是作为量表构念效度的一个必要条件而存在。为了确认获得指标产生的潜变量就是研究所要测量的理论构念，本书通过聚合效度、区分效度以及效标效度对精简后的初始量表进行了效度检验。

第二节　题项生成与内容效度检验

一、初始题项获取

本小节主要通过半结构化访谈和开放式调查问卷的方式进行相关的数据收集。调研时间为 2016 年 3~7 月，调研对象为黑龙江和北京的 12 家企业，行业领域主要包括制造业、服务业、金融业、IT 行业等。本书首先通过管理者的半结构化访谈初步了解中国文化背景下谦逊型领导的特点，进而来获知中国文化背景下谦逊型领导的维度结构是否与西方的谦逊型领导有所不同。其次，在半结构化访谈结论的基础上，通过对员工进行开放式问卷调查获取中国谦逊型领导的特征描述；再次，对这些特征描述进行归纳分析；最后，得出谦逊型领导的典型特征描述。

（1）半结构化访谈。由于中国文化背景下谦逊型领导的内涵和结构尚不明确，因此，本书首先通过对企业领导的半结构化访谈来了解和分析中国谦逊型领导的结构和特点，访谈内容将为接下来开放式问卷的题项归类做一定的铺垫和参考。在受访者的选择上，本书本着以下原则：首先，受访者在了解到访谈内容后愿意接受访谈；其次，同一企业的被访谈者之间最好是上下级关系，利于自评和他评。本书选取了黑龙江和北京的 4 家企业的 14 位管理者，包括 2 名 CEO、4 名高层管理者、4 名中层管理者和 4 名基层管理者。其中，女性管理者 3 人，占访谈总人数的 21.4%；访谈对象年龄的均值为 40，标准差为 5.53。具体访谈样本信息如表 2-1 所示。

表 2-1　半结构化访谈样本基本信息

企业名称	企业性质	所在地区	职务及编号
A 公司	国企	黑龙江	A1 CEO
			A2 行政总监
			A3 质检部长
			A4 体系管理部长
			A5 仓储部部长
B 公司	民营	黑龙江	B1 董事长
			B2 总经理
			B3 能源办公室主任
C 公司	外资	北京	C1 总监
			C2 营销经理
			C3 人力资源部经理
D 公司	国企	北京	D1 部门总经理
			D2 部门副总经理
			D3 中心经理

本书的访谈内容主要由两部分组成，包括企业文化、领导模式状况了解与谦逊型领导特点及评价两个方面，具体内容如表2-2所示。

表2-2 半结构化访谈提纲

项目	访谈内容
企业文化、领导模式	1. 请介绍一下您所在企业的企业文化
	2. 在您所在的企业或团队中，领导的管理方式是怎样的
	3. 您认为什么样的领导管理模式对企业发展最有益？为什么
谦逊领导行为特点及评价	4. 您如何看待企业中领导的谦逊行为？它有哪些特点
	5. 您能描述一下您上司展现出的谦逊行为吗？举例说明其特点
	6. 您对企业中的领导谦逊行为的实施有何建议

本书在访谈过程中对访谈对象企业文化、领导状况了解环节的设计主要有两个目的：一是通过对现代企业文化和领导管理模式的了解，为接下来谦逊型领导话题的引入做铺垫；二是拉近和访谈对象之间的距离，增加彼此之间的信任感，获得更多与访谈主题相关的信息。在访谈开始前，访谈者首先向访谈对象说明访谈不会涉及个人隐私，访谈内容只用于学术研究分析且获得的全部内容也绝对保密，不会对本人及公司产生任何影响。访谈采取面对面或电话的方式进行，研究者分别对访谈对象进行了半小时以上的个别深入访谈。由于访谈地点和时间的限制，本书的个别面对面访谈由一人完成，其他都在一人记录、一人提问的情况下完成。在访谈过程中，研究者主要是按照访谈大纲的顺序和内容进行，当访谈对象过多地谈及与访谈内容无关的信息时，研究者会在必要时及时转移话题，使访谈内容回到本书的研究问题上。此外，在得到访谈对象允许后，访谈者对访谈的内容进行了录音。

访谈结束后，本书通过主题提炼的方法对访谈记录和录音资料进行分析。首先研究者对每一个访谈记录和录音资料进行整理和对比，随后在这些记录中识别出与谦逊型领导主题相关的内容，最后根据识别出的主题内容，在保证内容表达相关度和清晰度的情况下，提炼出符合谦逊型领导特征的内容和语句。通过访谈记录和录音资料的分析，本书初步了解到了谦逊型领导的基本特点，访谈结果的示例语句如表2-3所示。

表 2-3　管理者对谦逊型领导特征描述的示例语句

访谈对象编号	示例语句
A1	实事求是，脚踏实地；清晰的自我认识；不断学习；让下属有发言的机会；有包容之心
A2	拉近和员工的距离；真诚关心和关注员工，具有亲和力；给下属发言的机会，倾听下属的意见
A3	鼓励和培养大家学习；促进下属职业发展；欣赏下属的能力；给每个人充分发展的机会
A4	听取员工提出的意见和建议；平易近人；指导下属，让其有发展的机会；有责任感
A5	民主和开放的管理模式；让每个人说出自己的想法；根据大家提的意见，在工作上进行了相应的调整；让有能力的人发挥自己的能力；不把成果占为己有
B1	态度亲和，尊重员工；鼓励员工尝试新方法；正确认识自我；发现别人优点，承认自己的不足
B2	有亲和力；懂得学习；放权，发挥员工特长；让大家积极发言；照顾员工的情绪
B3	大智若愚，心胸豁达；沉稳冷静，脾气温和；换位思考；互相学习；给员工机会
C1	虚心听取别人意见；允许和容纳不同声音的存在；权力下放；学习意图很强
C2	沟通高手；说话的语气态度不强硬；对对方意见和建议的尊重；可靠，可信；理解尊重下属
C3	敢于承认自己的不足，接纳和肯定下属意见；待人温和；具有亲和力；学习能力强；思想开放包容；注重他人感受，有较好的沟通能力，人员关系好
D1	不断学习；开门纳言，多听大家意见；能够看到员工的能力和优点；拉近与员工之间的距离
D2	态度上非常缓和；与员工没有距离感；耐心向员工解释工作任务并给予指导
D3	给大家发言的机会，并对好的意见进行采纳；求知欲和探索精神比较强；鼓励大家一起学习

通过对企业领导的访谈，本书初步了解到了中国企业中谦逊型领导的一些基本特征，如平易近人、海纳百川、正确自我认知、愿意倾听和学习等。半结构化访谈的结果显示，中国文化背景下谦逊型领导在结构维度上与 Owens 等（2013）提出的谦逊型领导的结构维度有所不同，例如，在访谈中，很多领导都谈到了谦逊型领导的亲和力、心胸豁达、亲切而不失威严的处事态度和风格，这在西方的谦逊型领导概念上是缺失的。因此，本书认为中国文化背景下的谦逊型领导有待进一步探索和发现。接下来，在半结构化访谈的基础上，本书将进行进一步的开放式问卷调查研究，全面系统地探讨谦逊型领导的内涵和维度，从而进行初始题项的获取。

（2）开放式问卷调查。在半结构化访谈的基础上，本书对企业的员工和基层管理者进行了开放式问卷调查。首先在问卷中给出了谦逊的定义，让员工和基层管理者根据自身在工作中对谦逊型领导的感受和经验，对符合谦逊型领导的行为特征进行描述（描述语句不少于6条）。调研的行业包括制造业、服务业、金融业及IT业等12家企业，企业的人力资源部门的工作人员负责问卷的发放工作，在问卷发放前，研究者对进行问卷发放的工作人员进行相关培训和说明，以此来保证问卷填答的准确性和完整性。本书共发放问卷300份，最终收回有效问卷286份（有效问卷回收率为95.33%）。样本数据的基本信息如表2-4所示。

表2-4　开放式问卷样本数据的基本信息

名称	类别	数量（人）	百分比（%）
性别	男	151	52.8
	女	135	47.2
年龄	30岁及以下	69	24.1
	31~40岁	155	54.2
	41岁及以上	62	21.7
婚姻状况	未婚	41	14.3
	已婚	245	85.7
学历	大专及以下	20	7.0
	本科	227	79.4
	硕士及以上	39	13.6
在本单位工作年限	5年及以下	61	21.3
	6~10年	76	26.6
	10年以上	149	52.1

表2-4描述了样本的分布情况，其中男性样本占52.8%，略多于女性样本；有多于一半的被调查者年龄在31~40岁（54.2%），有24.1%的被调查者年龄在30岁及以下，其余的21.7%的被调查者年龄在41岁及以上；在被调查者的婚姻状况方面，绝大多数的被调查者为已婚（85.7%），只有14.3%的被调查者是未婚；在学历方面，具有本科学历的被调查对象占79.4%，13.6%的被调查者具有硕士及以上的学历，仅有7.0%的被调查者具有大专及以下的学历；从被调查者的工龄上来看，一半以上的被调查者在本单位的工作年限达到了10年以上（52.1%），有26.6%的被调查者在本单位的工作年限为6~10

年，其余 21.3% 的被调查者在本单位的工作年限为 5 年及以下。

为了确保编码过程的有效性，本书采用樊景立（2004）等的编码程序，对原始文本进行了编码和归纳。这种编码程序的具体过程是：研究人员首先依据一定的标准和规则对访谈的原始文本进行筛选，删除与研究主题无关的原始文本，并初步归纳出题项；其次，研究人员需要将意义相同或相似的题项归入到同一个类别中，并对该类别进行命名，也就是主轴编码的过程；最后，研究人员需要比较主轴编码中形成的类别，在明确核心类别的基础上形成完善的架构。这种编码过程要求三位研究者独立进行编码，然后，由两位专家对编码不一致的部分进行核验。以往的学者在编制量表时也会经常采用这种编码的方法，因此，这种方法能够确保编码的一致性。

286 名被试总共列出了 1233 条谦逊型领导的特点和行为特征。本书的研究者首先将所有特征描述都输入计算机进行开放式编码。由 2 名编码员对输入的 1233 条特征按照谦逊型领导应具有的特点进行整理和筛选，筛选的标准为：参与者的描述信息必须含义清晰，描述的必须是管理者的行为和特征。经过研究者的认真筛选，共删除了 107 条（8.6%）不符合谦逊型领导的特征描述，例如"应该具有较强的业务水平""相信自己的眼睛，不随意听信他人的传言""有超强的号召力""有很强的逻辑思维能力""有良好的心理素质"，剩余 1126 个题项。此外，由于一些被试在对谦逊型领导特征的语句表达上存在一个表达包括两或三个不同特征的情况，因此，2 名编码员需要对存在这种情况的语句进行充分讨论，辨别语句意义的单一性，对于具有多重含义的语句表达进行相应的拆分或删除，以确保每个描述都代表一种有意义的、完整的谦逊型领导特征。本书发现被试所列的描述中，有 12 条可以拆分成 2 条含义单一的描述，6 条可以拆分成 3 条含义单一的描述。最终，本书共得到 1150（1233 −107+12+6+6）条含义单一、表达清楚准确的谦逊型领导的特征描述。

在确定了谦逊型领导包含的行为和特征后，参考半结构化访谈获得的信息，研究者和 2 名博士研究生分别对 1150 条描述进行主轴编码。三位编码员在主轴编码中，需要将意义相同或相似的题项归入到同一个类别中，并对该类别进行命名。然后，三位编码人分别对每个题项进行合并，合并的具体标准和结果为：①三位编码员同时将一个题项归类到一个类别中的题目数为 598 条，占总条数的 52%；②两位编码人将一个题项归类到一个类别中，另一位编码人将其归类到不同类别的题目数为 349 条，占总条数的 30%；③三位编码人将一个题项分别归类到了三个不同的类别的题目数为 203 条，占总条数的 18%。然后这三位编码人和一位专家对编码归类的结果进行了汇总，并进行了讨论，从而形成了主轴编码的结果，如表 2-5 所示。从表 2-5 中可以看出，经过了主轴编码这个过程后，初步形成了 12 个类别。为进一步精练这 12 个类别，编码员对形成的 12 个二阶类别进行选择编码。

表 2-5　谦逊型领导特征描述主轴编码结果

序号	类别描述	题项数	示例题项
1	与人为善，和蔼可亲	78	"亲切友善，关心下属的要求""语气友善，不以职位压人"
2	没有领导架子	129	"沟通交流时和气不摆姿态""不高高在上，通过正确做事，赢得下属的尊重"
3	尊重和关心下属	98	"关心同事下属生活，解决生活困惑""能亲近基层员工，了解员工所想所需"
4	谦虚谨慎	101	"不炫耀，不夸大事实""在成绩面前不骄傲，困难面前不低头"
5	低调，行事不张扬	87	"交流沟通过程中低调，不张扬""对自己的成绩不张扬，低调"
6	发现自身不足，承认自身不足	73	"从不否认自己的弱点和不足，反省自己的弱点会及时并积极面对""善于发现自己的不足"
7	敢于面对和改正错误	36	"对领导和下属的批评虚心接受""能够拿自己的错误当反面教材"
8	关注下属的职业发展	40	"在工作中帮助下属设定挑战性目标，鼓励下属展现自己的最佳水平""给下属职业发展的空间和机会"
9	能够发现下属的长处	86	"能够发现每个人身上的闪光点，并使其正能量最大化""善于发现下属的优点"
10	善于识人用人	72	"善于肯定认同下属""具有高尚的用人品德"
11	不独断专行	54	"集思广益，有问题与员工一起商讨解决""虚心接受各层级人员提出的意见"
12	善于倾听	96	"主动征求并实践采纳下属的意见或建议""能够放下身份，认真听取他人的工作汇报、工作情况和生活情况"

续表

序号	类别描述	题项数	示例题项
13	能够虚心向下属学习	52	"通过学习不断提高自己""对于自己不懂的知识，能虚心向下属学习"
14	甘为人梯，乐于奉献	32	"喜欢默默地无私奉献""一些小事可以亲自动手，身体力行"
15	勇于承担责任，有责任感	30	"在决策面前敢于承担""工作中责任感很强，特别是遇到问题时，能够承担问题与责任"
16	宽容大度	33	"对下属的错误有一定的包容性""为人处世从大局出发，有高度、广度及深度"
17	有同理心，懂得换位思考	53	"能够多角度思考问题""为人处世更愿意站在对方的角度考虑"

在选择编码的过程中，编码者将前三个二阶类别合并为一阶类别"平易近人"，其具体含义是领导用谦和的态度拉近与下属之间的距离。将第四个二阶类别谦虚谨慎和第五个二阶类别低调，行事不张扬合并为一个一阶类别"谦逊低调"，指的是领导的行事低调。将第六个和第七个二阶类别合并为一阶类别"正确自我认知"，用于表现领导者对自身优缺点的认识。将第八个、第九个和第十个二阶类别合并为一阶类别"欣赏下属的能力和贡献"，指的是领导对下属优点和闪光点的发现。第十一个、第十二个和第十三个二阶类别合并为一阶类别"开门纳谏"，指的是领导对下属意见的倾听和接受。将第十四个和第十五个二阶类别合并为一阶类别"以身作则"，指的是领导在工作上的表率作用。将第十六个和第十七个二阶类别合并为一阶类别"心胸开阔"，用于表示领导的胸襟。通过合并含义相同或相近的二阶类别，在选择编码阶段，本书总共获得了七个一阶类别，分别为"平易近人""谦逊低调""正确自我认知""欣赏下属的能力和贡献""开门纳谏""以身作则""心胸开阔"。通过对开放式调查问卷中的原始文本进行编码分析，本书总共获得了关于谦逊性领导的七个类别，其中包括了 Owens 等（2013）提出的对自我的正确认识、对他人能力和贡献的欣赏以及对新知的接受这三个维度。通过编码和归纳，本书总结出了中国文化背景下谦逊型领导的概念内涵，并能够确保其内容效度。在最终的选择编码后，本书确定了七个一阶类别。研究者为每一类选出有代表性的特征描述，最终得到 39 条测量题项。具体内容如表 2-6 所示。

表 2-6　谦逊型领导七类代表性特征描述

类的名称	典型特征描述
平易近人	和蔼可亲；与下属相处，没有架子；尊重下属，平等待人；不傲慢，不高高在上；能够放下身份跟下属融洽相处
谦虚低调	谦虚谨慎；取得成功不自满；面对自己取得的成绩不张扬；不爱炫耀；不骄傲不浮躁；有功劳不炫耀浮夸
正确自我认知	正视自己的局限和过错，并改正；正视自己的责任，不推脱；自我认知准确；能认识到自身的优缺点
开门纳谏	乐于倾听下属对工作的看法；能够采纳下属的合理建议；虚心向他人学习；愿意倾听和思考他人提出的建议和想法
以身作则	为下属树立榜样；主动承担责任；工作中，能起到表率作用；工作认真，踏实，起到带头作用
欣赏他人	能发现下属闪光点；给下属发展空间；赞美和认可下属能力；对下属能力与贡献的赏识
心胸开阔	对事不对人；容得下与自己观点不一致的看法；大度包容；心胸开阔，用爱心彼此包容

二、题项内容效度检验

内容效度反映所构建量表效度的一个方面，强调的是测量内容的广度、涵盖性和丰富性，一个具有非常高的内容效度的量表应该能够反映出构念的核心成分。为了保证测量题项的内容效度，本书对通过编码获得的 39 个谦逊型领导的量表的测量题项进行了小规模的问卷调查，调查对象为黑龙江某企业的29 名员工，请他们对该量表的 39 个测量题项是否可以准确评价谦逊型领导概念进行判断和评估。在问卷填答之前，研究者对问卷填答内容进行了相应的说明和解释。本书采用 Likert 6 点计量表（"1" 为非常不符合、"2" 为比较不符合、"3" 为有点不符合、"4" 为有点符合、"5" 为比较符合、"6" 为非常符合）来测量所有题项，东亚人在奇数量表的测量题项选取时会更多地选取中间点位，因此本书采用 Likert 6 点计量表来增大问卷回复中的方差。统计分析的结果显示，调查对象对各个测量题项评分的平均数均在 3.50 以上。问卷调查结束后，研究者就问卷内容对个别员工进行了访谈，询问他们在问卷填答过程中对问卷的看法和建议，最后，综合问卷调查和个别访谈的结果，3 名博士研究生对问卷的内容效度进行再次确认，确认的结果表明 39 个测量题项均可代表谦逊型领导的特征，最终保持了 39 个谦逊型领导的测量题项。

第三节　初始量表预测试

一、样本选择和数据收集

为了精简在开放式问卷中获得的初步测量题项，并进一步评估谦逊型领导量表的可靠性和有效性，本书对黑龙江和北京的 6 家企业进行了问卷调查，调研的时间为 2016 年 8 月下旬。由于权力会影响领导的谦逊行为，因此，为了保证取样的代表性，本书在样本选择过程中的取样分别集中在权力集中型企业的制造业，权力分散型企业的服务业以及介于权力集中和分散之间的金融企业，问卷均由 6 家企业人力资源部门的工作人员进行发放。为了确保问卷的准确性和科学性，在问卷发放之前，研究人员对此次问卷调查的目的、保密性程度等相关内容进行了解释说明，并对问卷发放的工作人员进行了相关培训。在所有问卷收集结束之后，对废卷进行处理，最后对获得数据进行统计分析。本次问卷调查共发放问卷 491 份，收回 403 份有效问卷（有效问卷回收率为82.08%）。表 2-7 列出了问卷调查样本数据的基本信息。

表 2-7　问卷调查样本数据的基本信息

名称	类别	数量（份）	百分比（%）
性别	男	207	51.4
	女	196	48.6
年龄	30 岁及以下	95	23.6
	31~40 岁	215	53.4
	41 岁及以上	93	23.0
婚姻状况	未婚	35	12.1
	已婚	255	87.9

续表

名称	类别	数量（份）	百分比（%）
学历	大专及以下	30	7.5
	本科	327	81.1
	硕士及以上	46	11.4
在本单位工作年限	5 年及以下	62	21.3
	6~10 年	69	24.1
	10 年以上	159	54.6

表 2-7 描述了样本的分布情况，其中男性样本占总样本人数的 51.4%，略多于女性样本；样本数据中有多于 50% 的被调查者年龄在 31~40 岁（53.4%），有 23.6% 的被调查者年龄在 30 岁及以下，其余 23.0% 的被调查者年龄在 41 岁及以上，这一指标说明本次问卷调查的样本数据年龄偏大；在被调查者的婚姻状况方面，绝大多数的被调查者为已婚（87.9%），只有 12.1% 的被调查者是未婚；在学历方面，具有本科学历的被调查对象占总样本人数的 81.1%，11.4% 的被调查者具有硕士及以上的学历，仅有 7.5% 的被调查者具有大专及以下的学历；从被调查者的工龄上来看，50% 以上的被调查者在本单位的工作年限达到了 10 年以上（54.6%），有 24.1% 的被调查者在本单位的工作年限为6~10 年，其余 21.3% 的被调查者在本单位的工作年限为 5 年及以下。

遵循量表开发的一般过程，本书将问卷调查获取的 403 份有效样本数据随机分成两部分，用 202 份样本数据进行探索性因子分析，用 201 份样本数据进行验证性因子分析。通过独立样本 T 检验与列联差异分析的结果可以看出，在人口统计学变量的分布上，两个样本数据均无显著差异。本书采用 Likert 6 点计量表（1 表示"非常不同意"、2 表示"比较不同意"、3 表示"有点不同意"、4 表示"有点同意"、5 表示"比较同意"、6 表示"非常同意"）来测量所有题项，东亚人在奇数量表的题项选取时会更多地选取中间点位，因此，本书采用 Likert 6 点计量表来增大问卷回复中的方差。

二、探索性因子分析

通过对初始量表的内容效度检验后，本书初步确定中国文化背景下的谦逊型领导的量表有 39 个测量题项。为了探究谦逊型领导量表的结构特点，本书通过 KMO 和 Bartlett 球形检验的分析结果来判断这 39 个测量题项是否可以进行进一步的探索性因子分析。首先，如果检验后的 KMO 数值大于 0.70，说明该测量题项可以被接受，可以继续做因子分析。其次，如果 Bartlett 球形检验结果具有显著性，也说明测量题项可以被接受，可以继续做因子分析。通过分析可以发现，本书中的 KMO 值为 0.87，大于 0.70，达到社会调查研究的需要和标准。Bartlett 的球形度也通过显著性检验，这说明检验值能够被接受，因此，本书可以对 39 个测量题项继续进行探索性因子分析。

本书通过主成分分析的方法进行探索性因子分析。在进行因子旋转时，本书采用的是方差极大正交旋转法，将特征值大于 1 的因子抽取出来作为新量表的一个维度。在确定每个维度下的题项时，是以 0.5 作为交叉载荷的标准，也就是当某个题项负载在各个因子上的数值小于 0.5 时，则删除该题项。除此之外，为了确保该量表的效度，数据的统计分析结果还应该满足以下标准，也就是在剔除交叉载荷较低的题项后，所抽取的几个公因子的累计方差解释率应该在 50% 以上。研究表明，当样本量多于变量数的 5 倍以上时，说明本书中的样本数量能够满足因子分析所需样本量的要求。本书的样本量为 202 份，样本量满足因子分析所需样本量的要求。

本书采用 SPSS 21.0 软件，通过主成分分析和正交极大旋转法对中国文化背景下的谦逊型领导的量表的 39 个题项进行因子抽取。统计数据分析的结果显示，中国文化背景下的谦逊型领导包括 4 个特征值在 1.0 以上的因子，这 4 个因子的累计方差解释率为 60.96%。根据因子载荷低于 0.50，以及在其他因子上没有过高的交叉负荷的原则，本书删除了 11 个因子载荷低于 0.50 且在其他因子上没有过高的交叉负荷的测量题项。数据分析的结果还显示，"平易近人"和"心胸开阔"，"开门纳谏"和"谦虚低调"，"以身作则"和"欣赏他人"分别属于同一因子。领导者"平易近人""开门纳谏""欣赏他人"的测量题项在各自的主成分中的因子负荷大于"心胸开阔""谦虚低调""以身作则"。因此，本书又删除了"心胸开阔"（5 个测量题项）、"谦虚低调"（2 个测量题项）以及"以身作则"（3 个测量题项）共 10 个题项，最后保留了 18 个题项，谦逊型领导初始量表的测量题项的列表如表 2-8 所示。

表 2-8　谦逊型领导的初始量表题项

特征因子	题项代码	测量题项
平易近人	X_1	与下属相处总是和蔼可亲
	X_2	与下属平等相处，没有架子
	X_3	充满亲和力，与他相处感到很放松
	X_4	能够尊重下属
	X_5	下属犯错误时，能理解和体谅下属
欣赏他人	X_6	发现下属闪光点
	X_7	赞美下属长处
	X_8	关注下属的优点
	X_9	认可下属能力
	X_{10}	赞美下属能力
正确自我认知	X_{11}	正视自己的责任，不推脱
	X_{12}	能认识到自身的优缺点
	X_{13}	能了解自己的不足并善于学习
	X_{14}	虚心接受他人的批评指正
	X_{15}	正视自己的局限和过错并改正
开门纳谏	X_{16}	虚心向他人学习
	X_{17}	乐于倾听下属对工作的看法
	X_{18}	能够采纳下属的合理建议

　　为了保持开发的问卷的简捷性和研究的可用性，本书在以往研究的基础上，根据因子负荷和测量题项含义的相似度，对最后保留的 18 个谦逊型领导的量表的测量题项进行了相应的精简和预测试。在本书的"平易近人"维度的 5 个测量题项中，"充满亲和力，与他相处感到很放松"题项和"与下属相处总是和蔼可亲"题项含义相近，根据因子载荷的高低，本书删除"与下属相处总是和蔼可亲"题项，最终保留了 4 个测量题项；在"欣赏他人"维度的五个测量题项中，"发现下属闪光点"和"关注下属的优点"题项，"认可下属能力"题项和"赞美下属能力"题项含义相近，根据因子载荷的高低，本书删除"关注下属的优点"和"赞美下属能力"题项，最终保留了 3 个测量题项；在"正确自我认知"维度中的 5 个测量题项中，"虚心接受他人的批评指正"题项和"正视自己的局限和过错并改正"题项含义相近，根据因子

载荷的高低，本书删除"虚心接受他人的批评指正"题项，最终保留 4 个测量题项；"开门纳谏"维度仍保留 3 个测量题项。在删减以上测量题项后，本书最终共保留 14 个谦逊型领导的量表的测量题项。删除相应测量题项后的题项列表如表 2-9 所示。

表 2-9　删除题项后的谦逊型领导的量表题项

特征因子	题项代码	测量题项
平易近人	X_1	与下属平等相处，没有架子
	X_2	充满亲和力，与他相处感到很放松
	X_3	能够尊重下属
	X_4	下属犯错误时，能理解和体谅下属
欣赏他人	X_5	发现下属闪光点
	X_6	赞美下属长处
	X_7	认可下属能力
正确自我认知	X_8	正视自己的责任，不推脱
	X_9	能认识到自身的优缺点
	X_{10}	能了解自己的不足并善于学习
	X_{11}	正视自己的局限和过错，并改正
开门纳谏	X_{12}	虚心向他人学习
	X_{13}	乐于倾听下属对工作的看法
	X_{14}	能够采纳下属的合理建议

　　本书对删减后的 14 个题项再次进行了分析检验。检验的结果表明，该量表的 14 个题项的 KMO 值为 0.87，高于标准值 0.7，并且其 Bartlett 球形检验的结果也具有显著性，具体的分析结果如表 2-10 所示。

表 2-10　谦逊型领导量表的探索性因子分析结果（n=202）

特征因子	题项代码	因子 1	因子 2	因子 3	因子 4
平易近人	Q_1	0.06	**0.74**	0.08	0.19
	Q_2	0.27	**0.82**	0.14	0.01
	Q_3	0.30	**0.74**	0.14	0.12
	Q_4	0.19	**0.72**	0.11	0.20

特征因子	题项代码	因子1	因子2	因子3	因子4
	Q_5	0.08	0.13	0.22	**0.85**
欣赏他人	Q_6	0.26	0.25	0.10	**0.79**
	Q_7	0.31	0.10	0.11	**0.75**
	Q_8	**0.76**	0.34	0.20	0.07
正确自我认知	Q_9	**0.71**	0.18	0.20	0.33
	Q_{10}	**0.82**	0.22	0.05	0.15
	Q_{11}	**0.75**	0.14	0.21	0.26
	Q_{12}	0.22	0.15	**0.85**	0.19
开门纳谏	Q_{13}	0.21	0.01	**0.87**	0.11
	Q_{14}	0.05	0.27	**0.74**	0.13
特征根		5.86	1.60	1.40	1.16
解释的方差变异量（累计方差解释率为71.56%）		19.83%	19.25%	16.35%	16.14%
内部一致性系数		0.84	0.84	0.89	0.80

从表2-10中可以看出，本书的4个因子的特征值均满足大于1的标准，解释方差变异量为71.56%，其方差解释率如下：平易近人>欣赏他人>正确自我认知>开门纳谏。其中，"平易近人"的解释率为19.83%，"欣赏他人"的解释率为19.25%，"正确自我认知"的解释率为16.35%，"开门纳谏"的解释率为16.14%。4个因子的内部一致性系数分别为0.84、0.84、0.89和0.80，满足了应用研究的标准。这些结果为谦逊型领导的四因子模型的结构和内部一致性提供了初步证据。

三、验证性因子分析

为了进一步验证谦逊型领导的四维结构模型，本书通过AMOS 20.0软件对保留的14个谦逊型领导的量表的测量题项进行了验证性因子分析。本书采用χ^2/df、CFI、TLI和RMSEA四个拟合指数作为评价数据拟合程度的指标：①卡方与自由度的比值（χ^2/df）要小于3；②RMSEA的值要小于0.08；③TLI的值要大于0.90；④CFI的值要大于0.90。为了判断是否存在其他因子模型更好地拟合情况，本书还构建了三因子模型、二因子模型和单因子模型，其拟合指数如表 2-11 所示。由表 2-11 的分析结果可知，在四个因子模型的评估中，四因子模型的拟合度良好（$X^2 = 144.99$，$df = 71$，$CFI = 0.96$，$TLI = 0.95$，$RMSEA = 0.07$），并且优于单因子模型、二因子模型和三因子模型，满足了数据拟合程度指标的要求。为了进一步验证四因子模型是否能够最好地体现高阶的高级结构，本书还对保留的 14 个谦逊型领导的量表的测量题项进行了二阶因子分析。数据分析的结果显示，二阶因子模型与数据的拟合程度比较好（$X^2 = 145$，$df = 71$，$CFI = 0.96$，$TLI = 0.95$，$RMSEA = 0.07$），满足了要求。综合以上信息，说明本书的谦逊型领导是一个由四个维度组成的多维结构。

表 2-11　验证性因子分析模型比较（n = 201）

模型	X^2	df	CFI	TLI	RMSEA
单因子模型 （合并所有因子题项）	318.38	77	0.84	0.81	0.13
二因子模型 （合并平易近人、欣赏他人和开门纳谏）	291.83	76	0.88	0.86	0.12
三因子模型 （合并欣赏他人和开门纳谏）	247.22	74	0.90	0.88	0.10
四因子模型 （分别加入四个因子题项）	144.99	71	0.96	0.95	0.07

第四节　量表效度检验

一、聚合效度检验

效度检验中，表明所构建量表聚合效度的标准为：①测量题项的因子载荷要在 0.55 以上；②平均方差的提取值（AVE）要在 0.5 以上。验证性因子分析的数据结果如表 2-12 所示。

表 2-12　谦逊型领导量表的聚合效度分析

维度	题项代码	因子负荷	AVE
平易近人	X_1	0.62	
	X_2	0.80	
	X_3	0.79	0.59
	X_4	0.83	
欣赏他人	X_5	0.81	
	X_6	0.74	0.63
	X_7	0.83	
正确自我认知	X_8	0.82	
	X_9	0.84	
	X_{10}	0.84	0.68
	X_{11}	0.80	
开门纳谏	X_{12}	0.82	
	X_{13}	0.87	0.61
	X_{14}	0.62	

根据表 2-12 的结果可知，本书中谦逊型领导量表的测量题项的因子载荷均在 0.55 以上，且平均方差的提取值（AVE）的值分别为：0.59、0.63、0.68、0.61，均在 0.50 以上，数据分析结果均满足要求，本书开发的谦逊型领导的量表聚合效度良好。

二、区分效度检验

本书主要根据 Fornell 和 Larcker（1981）提出的检验准则，也就是平均方差提取值（AVE）的平方根要大于与该变量相关的所有变量之间的相关系数来评估量表的区分效度。通过验证性因子分析得出量表各个维度之间的相关性系数以及每个维度的 AVE 值，具体数值如表 2-13 所示。表 2-13 显示，平均方差提取值（AVE）的平方根大于与该变量相关的所有变量之间的相关系数，因此，本书的谦逊型领导量表具有良好的区分效度。

表 2-13　谦逊型领导量表区分效度分析结果

变量	平易近人	欣赏他人	正确自我认知	开门纳谏
平易近人	(0.77)			
欣赏他人	0.41	(0.79)		
正确自我认知	0.55	0.53	(0.83)	
开门纳谏	0.37	0.39	0.44	(0.78)

注：对角线上括号中数据为各个维度平均方差抽取值（AVE）平方根，其他数据为各个维度之间的相关系数。

三、效标效度检验

效标效度是一种实证效度，具体的操作过程是检验所构建量表的量表分数和选定的效标变量之间的相关系数，通过相关系数反映测量工具的有效程度。在测量效标效度时，最关键的步骤在于如何选取合适的效标变量。选择效标变量的标准在于，研究者所选的变量必须能够反映出所构建量表的内涵和特征，并且也必须是能够被大家接受的具体反映某项特定内涵的指标。效标效度的数据可以在测量的同时获得，也可以在测量之后获得，测量同时获得的数据称为同时效标，测量后获得的数据称为预测效标，由这两种类型的效标所建立的效果效度被称为同时效度和预测效度。本书的数据在测量的同时获得，因此是同时效标效度检验。

效标效度测量效标的选择除了从文献中获取，还可以选取具有说服力的效标来支持效标效度的检验评估。本书在文献的基础上，选取了工作投入、离职倾向和主动行为作为测量效标。Owens 和 Herman（2012）指出，谦逊型领导在员工的工作投入、离职倾向以及工作积极性方面起到了积极的作用。在后续的研究中，Owens 等（2013）通过质化和量化相结合的方法，利用多个不同样本验证了领导的谦逊行为会提高员工的工作投入和工作满意度，减少员工离职倾向。国内的一些研究者也验证了谦逊型领导对员工工作投入和员工主动性之间的正相关关系。

（一）变量的选择与测量

本书采用谦逊型领导开发的样本进行同时效度的检验，选用了在国际管理研究中具有良好信度和效度的量表，来测量效标变量。在国际量表的使用上，所有的英文量表都采用标准的翻译和回译（Translation and Back Translation）的方法翻译成中文。

（1）工作投入。采用 Schaufeli 等（2006）开发的包含 9 个题项的员工工作投入的量表。代表性题项如"我会在紧张的工作中感到快乐"。采用 Likert 6 点计量表进行测量，1 表示"完全不同意"，6 表示"完全同意"。量表的内部一致性系数为 0.84。

（2）离职倾向。采用 Konovsky 和 Cropanzano（1991）开发的包含 9 个题项的量表。代表性题项如"如果有可能，我会选择开始一份新工作"。采用 Likert 6 点计量表进行测量，1 表示"完全不同意"，6 表示"完全同意"。量表的内部一致性系数为 0.78。

（3）主动行为。采用 Griffin 等（2007）开发的 3 个题项的个人主动性量表。代表性题项如"为了完成核心工作，我经常会改变工作方法"。采用 Likert 6 点计量表进行测量，1 表示"完全不同意"，6 表示"完全同意"。量表的内部一致性系数为 0.75。

（4）谦逊型领导。采用本书开发的包含 4 个维度 14 个题项的谦逊型领导量表。代表性题项如"我的上司乐于倾听下属对工作的看法"。采用 Likert 6 点计量表进行测量，1 表示"完全不同意"，6 表示"完全同意"。量表的内部一致性系数为 0.89。

（二）数据分析结果

研究变量的平均值、标准误差以及相关系数如表 2-14 所示。从表 2-14 的数据分析结果可以看出，自变量谦逊型领导与因变量员工的工作投入、离职倾向和主动行为均具有相关性。谦逊型领导与员工的工作投入之间的关系正向且显著（$r=0.46$，$p<0.01$）；谦逊型领导与员工的离职倾向之间的关系负向且显著（$r=0.19$，$p<0.011$）；谦逊型领导与员工主动行为之间的关系正向且显著（$r=0.38$，$p<0.01$）。

表 2-14　平均值、标准误差和相关系数

	1	2	3	4	5	6	7	8
性别								
年龄	-0.27							

	1	2	3	4	5	6	7	8
学历	0.85	-0.16**						
职位层次	0.67	0.23**	0.41					
谦逊型领导	-0.07	0.18*	-0.06	-0.05	(0.89)			
工作投入	0.10	0.22*	0.12	0.17*	0.46**	(0.84)		
离职倾向	0.16*	-0.18*	0.04	-0.14	-0.19**	-0.04	(0.78)	
主动行为	-0.02	0.20	0.19	0.09	0.38**	0.54**	0.07	(0.75)
均值	1.36	2.56	2.88	1.52	4.78	4.55	2.90	4.51
标准误	0.48	1.30	0.48	0.89	0.73	0.78	1.17	0.89

注：N=201；括号中的数字为该量表的克朗巴哈系数；性别（1=男性，2=女性）；年龄（1=20~25岁，2=26~30岁，3=31~40岁，4=41岁及以上）；学历（1=大专及以下，2=本科，3=硕士及以上）；工作职务（1=职员，2=基础管理者，3=中层管理者及以上）。* 表示 $p<0.05$，** 表示 $p<0.01$。

本书在数据分析方法上采用多层回归分析的方法检验谦逊型领导对员工工作投入、离职倾向及主动行为的相关性影响。首先本书将控制变量（性别、年龄、学历、职位层次）放入到回归方程中，其次将自变量（谦逊型领导）放入回归方程中，最后通过计算 R^2 的值和 F 检验值来观察 R^2 的变化，回归分析的结果如表2-15所示。

表2-15 谦逊型领导与效标变量的层次回归分析结果

变量	工作投入		离职倾向		主动行为	
	第一步	第二步	第一步	第二步	第一步	第二步
控制变量						
性别	-0.03	-0.05	0.11	0.12	0.02	0.01
年龄	0.12	0.13	-0.17	-0.17	-0.03	-0.03
学历	0.21	0.21	0.04	0.06	0.05	0.02
职位层次	0.07	0.11	-0.09	-0.10	0.09	0.11
自变量						
谦逊型领导		0.47***		-0.20*		0.39***
F	2.81*	10.08***	1.92	2.63**	0.56	4.62**
R^2	0.08	0.28	0.06	0.09	0.02	0.15
ΔR^2	0.08*	0.20***	0.06	0.03*	0.02	0.14***

注：N=201；* 表示 $p<0.05$，** 表示 $p<0.01$，*** 表示 $p<0.001$；参数为非标准化参数。

从表 2-15 的结果可以看出，在控制了人口统计学变量性别、年龄、学历和职位层次之后，谦逊型领导对因变量员工的工作投入、离职倾向及主动行为均有显著的影响：谦逊型领导正向影响员工的工作投入；谦逊型领导负向影响员工的离职倾向；谦逊型领导正向影响员工的主动行为。

综合本书的检验结果，本书认为，中国文化背景下的谦逊型领导是一个四维构念，具体内容如表 2-16 所示。

表 2-16　谦逊型领导的量表

维度	题　项
平易近人	1. 能与下属平等相处，没有架子
	2. 充满亲和力，与他/她相处感到很放松
	3. 能够尊重下属
	4. 下属犯错误时，能理解和体谅下属
欣赏他人	5. 能发现下属闪光点
	6. 会赞美下属长处
	7. 能够认可下属能力
正确自我认知	8. 能正视自己的责任，不推脱
	9. 能认识到自身的优缺点
	10. 能够了解自己的不足并善于学习
	11. 能正视自己的局限和过错，并改正
开门纳谏	12. 能虚心向他人学习
	13. 乐于倾听下属对工作的看法
	14. 能采纳下属的合理建议

从表 2-16 中可以看出，在 14 个测量题项中，"平易近人"维度包括 4 个题项，分别为题项 1、2、3、4，"欣赏他人"维度包括 3 个题项，分别为题项 5、6、7，"正确自我认知"维度包括 4 个题项，分别为题项 8、9、10、11，"开门纳谏"维度包括 3 个题项，分别为题项 12、13、14。

研究结果发现，本书开发的谦逊型领导测量量表与 Ou 等的谦逊 CEO 的量表和 Owens 等的领导谦逊量表相比，既有不同之处也有相同之处，具体比较内容如表 2-17 所示。

表 2-17 谦逊型领导的量表维度比较

量表维度	谦逊型领导 （Owens 等，2013）	谦逊 CEO （Ou 等，2014）	谦逊型领导
行为维度			
平易近人			√
对自我的正确认识	√	√	√
对他人能力和贡献的欣赏	√	√	√
开门纳谏	√	√	√
认知维度			
卓越的自我概念		√	
动机维度			
低自我中心		√	
自我超越的追求		√	

首先，与 Ou 等的谦逊 CEO 的六维量表相比，本书的谦逊型领导的测量量表除了包括 CEO 的测量，还包括其他层级领导谦逊行为的测量；本书的行为测量量表，以中国传统文化中的关系和谐为出发点，体现了中国文化背景下谦逊型领导的独特性；本书的测量量表从行为视角出发，能评估更多的可观察到的行为倾向，更好地满足"实践转向"的需求。

其次，本书所得到的四维结构与 Owens 和 Herman 的三维结构和 Ou 等的六维结构量表既有一定的联系，又有一定的区别。从本书的四个行为的维度内涵来看，"欣赏他人"与"开门纳谏"维度与 Owens、Herman 和 Ou 等的"对他人能力和贡献的欣赏"和"对新知的接受"维度的基本内涵一致。本书的"正确自我认知"维度与 Owens、Herman 和 Ou 等的"自我意识"维度相比，除了强调领导者承认自己的不足和别人的能力，还要有及时改正的态度，除此之外，还增加了对自我责任的清晰认知。

最后，本书发现中国文化背景下谦逊型领导包含一个独特的维度："平易近人。"这一维度结构上的差异，可以在中国传统文化儒家和道家思想中找到根源。中国是一个集体主义和高权力距离文化的社会，人与人之间存在相互依存的关系，为了和睦的关系，要学会和周围的人保持和谐一致的关系。因此，领导的谦逊行为首先表现出一种亲和力，即没有领导架子，通过对员工的尊重、包容和理解来得到员工对领导的认同，维系好领导与下属之间的关系。

第五节　总结分析

　　本书在以往谦逊型领导研究的基础上，通过半结构化访谈和问卷调查的方法开发了中国文化背景下谦逊型领导的量表。根据 Hinkin（1998）的量表编制方法，本书的量表开发过程包括三个步骤，分别为：①测量题项的生成和内容效度评估；②初始量表内部结构检验；③量表的构念效度和效标效度评估。在本书中，首先通过对 14 位来自不同企业、不同层次管理者的深度访谈，初步了解谦逊型领导的基本特征，接下来通过来自 12 家企业的 286 名员工的开放式问卷调查获取测量题项，随后，对中国北方的 6 家企业的 403 名员工进行问卷调查，通过因子分析和信度分析对初始量表的内部结构进行检验，通过聚合效度、区分效度和同时效度对量表的构念效度和效标效度进行评估。数据分析的结果表明，该量表内部一致性较高，效度较好。最后，本书认为中国文化背景下谦逊型领导是一个四维构念，包括"平易近人""欣赏他人""正确自我认知"和"开门纳谏"四个维度，共 14 个测量题项。本书弥补了谦逊型领导中国本土化测量量表的不足，有助于谦逊型领导的深入研究和发展，为未来中国谦逊型领导的实证研究做了工具上的铺垫。

第三章　概念界定及相关理论

第一节　基本概念的界定与测量

在本书的两个研究模型中，我们均选用在国际管理研究中具有良好信度和效度的量表来测量研究假设中的构念。在谦逊型领导对员工主动行为影响的模型中包含 6 个变量，分别为：谦逊型领导、角色宽度自我效能、情感承诺、积极情绪、真实性感知、员工主动行为。在谦逊型领导对员工反馈寻求行为影响的模型中包含 4 个变量，分别为：谦逊型领导、心理安全、工作不安全感、员工反馈寻求行为。接下来，本书将对这些变量的概念界定和测量进行阐述。

一、谦逊型领导的界定与测量

关于谦逊型领导的概念，Owens 和 Hekman（2012）对以往研究中谦逊对领导的重要作用进行了总结，他们从行为学视角出发，以实证为基础，提出了谦逊型领导的概念。他们认为谦逊型领导可以通过正确的自我认知、对他人的欣赏以及不断地学习和听取意见与反馈来塑造并改变自己的行为。此外，Owens 和 Hekman 在其研究中还将谦逊型领导与其他"自下而上"的领导风格进行了区分，例如参与型领导、公仆型领导、发展型领导以及共享型领导，结果证明谦逊型领导与此类领导风格在概念上是有区分度的。他们的研究证明了谦逊型领导概念的独立性。

关于如何测量谦逊型领导，目前，研究者们开发了两个谦逊型领导量表，一个是 Owens 等（2013）在西方情境下开发的，另一个是 Ou 等（2014）在中国情境下开发的。然而，领导的概念和结构嵌入在文化之中，它的概念和结构却有可能因为国家文化的不同而不同。中国情境下的谦逊在结构维度上应该有其独特性，并不一定要包含西方的概念化内容，现实和理论上的差异使中国谦逊型领导的研究不能完全照搬西方的理论和研究，因此我们要用中国情境下开发的谦逊型领导的量表来测量。

然而，尽管 Ou 等（2014）谦逊型领导的量表是在中国情境下开发的，但其被试的选择及量表测量对象均为 CEO，缺乏对其他层级领导谦逊行为的测量。其谦逊概念和题项的生成理论上都是基于西方的现有文献，虽然这种方法有其优点，但可能不能完全捕捉到中国文化背景下谦逊型领导的独特性和完整性。因此，本书开发了中国文化背景下谦逊型领导的量表来对谦逊型领导进行测量。该量表包括四个维度，分别为平易近人、欣赏他人、正确自我认知和开门纳谏。被试通过采用 Likert 5 点计量表对自己直接上司表现出的谦逊行为的符合程度进行评价，该量表包含 14 个测量题项，具体测量题项如表 3-1 所示。

表 3-1　谦逊型领导的量表

谦逊型领导
1. 我的上司与下属平等相处，没有架子
2. 我的上司充满亲和力，与他相处感到很放松
3. 我的上司尊重下属
4. 下属犯错误时，他/她能理解和体谅下属
5. 我的上司能发现下属闪光点
6. 我的上司会赞美下属长处
7. 我的上司能认可下属能力
8. 我的上司能正视自己的责任，不推脱
9. 我的上司能认识到自身的优缺点
10. 我的上司能了解自己的不足并善于学习
11. 我的上司能正视自己的局限和过错，并改正
12. 我的上司虚心向他人学习
13. 我的上司乐于倾听下属对工作的看法
14. 我的上司能采纳下属的合理建议

二、员工主动性的界定与测量

(一) 员工主动行为

关于员工主动行为，研究者们从不同角度对其进行界定。其中，最重要的主动行为概念之一，是 Frese 和 Fay（2001）提出的"个人主动性"。Frese 和 Fay 认为个人主动性是个体在超出常规工作要求基础上主动地、自发地采取行动的行为集合。然而，Frese 和 Fay 在个人主动性概念的阐述中强调了员工主动行为应与组织的目标和任务相一致，这种要求限制了主动行为调查研究的广泛性。

除了个人主动性，在特定的情境和领域中，员工主动性的一系列行为也被相应提出，例如，主动社会化、职业主动性、建言以及反馈寻求行为等。尽管这些具体的主动行为研究来自不同领域，但从概念上讲它们有着共同的动机因素，即都是自发的、以未来为导向的、改变现状或改变自我的行为。基于这一点，Parker 和 Collins（2010）从实证角度对这些行为进行了整合与分析，把这些有着共同特点和不同目标的主动行为归纳为三个不同的高阶范畴，Parker 和 Collins 的高阶结构是主动行为研究中比较有代表性的研究，他们从行为视角系统分析了主动行为的含义，从三个层次整合了现象驱动下的主动行为的相关概念，为主动行为的后续研究奠定了坚实的基础。

不同于以往从个人具体目标对主动行为进行的区分，Griffin 等（2007）从组织层面对主动行为进行了区分。他们根据个体参与主动的程度将主动行为划分为与个体工作状况或角色相关的个体工作主动性、与团队工作状况或团队工作方式相关的团队成员主动性以及与组织或组织的工作方式相关的组织成员主动性。在研究中，Griffin 等阐述，虽然不同形式的主动行为都有其特定的含义，但它们彼此之间也存在着明确的、适度的联系，这意味着不同形式的主动行为有相同的共同基础，也支持了主动行为作为一个总体概念的观点。

由于本书主要是通过实证来阐述变量之间的关系，考虑到测量的可操作性，我们将采用 Griffin 等（2007）的观点，在研究中把员工主动行为作为一个总体概念进行界定，其定义为：为了改变个人的工作环境、工作角色或自身发展而进行的个人自发的、面向未来的行为。为了评估被试对自己主动行为的感知程度，本书采用 Griffin 等（2007）开发的个体主动性量表进行评估。为了避免共同方法偏差问题，本书在问卷调查中将员工主动行为的测量题项采用上司他评的方式进行，被试通过采用 Likert 5 点计量表对自己下属主动行为发生的符合程度进行评价，该量表包含 3 个题项，具体题项如表 3-2 所示。

表 3-2　员工主动行为的量表

员工主动行为
1. 他/她会开创出更好的办法去完成他/她自己的重要工作
2. 他/她会尝试提出完成重要工作任务的改进方法
3. 为了完成重要工作，他/她会尝试改变工作方式

（二）员工反馈寻求行为

1983 年，Ashford 和 Cummings 首次提出了寻求反馈的概念。他们将反馈寻求定义为：作为主动性的一种，反馈寻求行为是指个体积极主动地对组织中有用的信息进行寻求，旨在适应组织和个人发展的需要。在对反馈寻求行为的内涵进行理解时，有两点需要我们注意：①和反馈一样，反馈寻求不仅仅是一个结果，而且也包含一系列行为的过程。②反馈寻求行为本身的特征会影响反馈寻求行为实施的效果。具体来讲，反馈寻求行为主要由以下六方面的内容构成：①反馈寻求频率，即在特定情境下个体反馈寻求的数量。②反馈寻求策略，即个体在寻求反馈时选择的方式方法。询问和监控是个人获得反馈信息的主要方式。询问是指个体采用直接询问的方式向他人获取自己需要的信息。监控是指个体对组织情境和组织中他人的行为进行观察，从而为自己获得有价值的信息和线索。③反馈寻求内容。个体对反馈信息的需求因人而异，因此反馈信息不仅仅局限于绩效考核信息，社会行为信息、整体绩效评价信息、专业技能信息、角色信息等也包含其中。④反馈寻求目标。反馈寻求目标一般包括三种，即上级、同事或组织外人员。⑤反馈寻求效价。反馈寻求可分为对正面反馈信息和负面信息的寻求。一般情况下，负面反馈信息会对个体的面子和自尊心产生损伤，因此都不愿意获取该信息。⑥反馈寻求时间。反馈寻求时间一般指在绩效评估后马上进行反馈寻求还是间隔一段时间。

由于反馈寻求行为是一个多维构念，其量表的维度也不尽相同。根据反馈寻求行为的分类，研究者开发了不同的量表。最早的量表是基于反馈寻求信息内容。1986 年，Ashford 根据反馈寻求的内容开发了第一个量表。这一量表包括五个维度：专业技能信息、社会行为信息、整体绩效评价信息、常规信息和角色信息，具体分为三个询问和四个监控测量题项。1991 年，Miller 和 Jablin 根据反馈源的不同，把反馈寻求的量表区分为上级和员工两个不同的维度，此后大多数学者沿用该量表并对其进行了检验。2000 年，Vande Walle 等开发了向自己直接上司寻求反馈的量表。2010 年，Krasman 根据反馈寻求策略的不同，将反馈寻求的量表区分为直接询问、间接询问和反思性评价三个不同的维度。以上是研究者根据不同分类开发的反馈寻求行为量表，虽然量表的侧重点不同，但测量的内容基本相同。

根据本书的研究目的，我们采用了 Vande Walle 等（2000）开发的反馈寻求量表。为了避免共同方法偏差问题，本书在问卷调查中将员工反馈寻求行为的测量题项采用上司他评的方式进行，被试通过采用 Likert 5 点计量表对自己员工的反馈寻求行为发生的频率进行评价，该量表包含 5 个题项，具体题项如表 3-3 所示。

表 3-3　反馈寻求行为的量表

反馈寻求行为
1. 下属经常向我询问他/她整体的工作表现
2. 下属经常向我询问他/她在工作中的技术性表现
3. 下属经常向我询问他/她的社交行为
4. 下属经常向我询问我对他/她的角色期望
5. 下属经常向我询问我是否认为他/她的价值观和态度适合公司

三、主动动机的界定与测量

（一）角色宽度自我效能

角色宽度自我效能是 Parker（1998）在自我效能的基础上提出的，指的是员工对于自身是否有能力进行一系列更宽泛的、超出岗位要求的工作任务的一种感知。作为一种新的效能概念，角色宽度自我效能近年来受到很多研究者的关注，并被广泛应用于主动行为领域，在揭示个体的认知心理过程如何影响员工主动行为方面发挥了重要作用。角色宽度自我效能（Role Breadth Self-efficacy）针对的是个体更宽泛和积极性的工作能力，与自我效能相比，更关注个体的主动行为。因此，角色宽度自我效能能够比一般的工作效能更好地预测个体的主动行为。当员工具有较高的角色宽度自我效能水平时，他们会更相信自己所拥有的解决问题和挑战新任务的能力，对于遇到的困难和挫折也会抱有积极肯定的态度，从而在工作中展现出更多的积极主动性。

为了评估被试对自己角色宽度自我效能的感知程度，本书采用 Parker 等（2006）使用的修改后的角色宽度自我效能量表。该量表对 Parker（1998）最初开发的角色宽度自我效能量表的 10 个测量题项进行了修改，选用 7 个因子负荷最高的题项进行测量。结果发现，该量表测量的结果与最初 10 个题项测量量表的测量结果相近。在后续的研究中，研究者在角色宽度自我效能的测量上也都基本采用这 7 个题项进行测量。因此，本书采用 7 个测量题项对被试的角色宽度自我效能水平进行评估。被试通过 Likert 5 点计量表选择符合自己角色宽度自我效能程度水平的题项，具体题项如表 3-4 所示。

表 3-4　角色宽度自我效能的量表

角色宽度自我效能
1. 我有信心在组会上向同事们介绍相关信息
2. 我有信心能够设定工作领域的各种目标
3. 我有信心能够设计出工作区域内的新程序
4. 我有信心与公司外部人员联络商讨问题
5. 我有信心分析和解决工作难题
6. 我有信心就如何改善部门工作向高级管理层提出建议
7. 我有信心拜访其他部门，并提出自己不同的意见

（二）情感承诺

情感承诺是组织承诺的核心概念。组织承诺包含三种承诺，即情感承诺、持续承诺和规范承诺。虽然组织承诺是个多维结构，但在以往的实证研究中，大都强调了承诺中态度和情感层面的重要性，关于情感承诺的研究最为广泛。根据 Meyer 等（1990）的定义，本书认为情感承诺能反映员工对组织的认同、忠诚以及投入度，体现了员工对组织积极的情感与态度。

情感承诺是组织承诺的核心部分，其测量主要是来自组织承诺的量表。为了评估被试对自己情感承诺的感知程度，本书采用 Meyer 等（1993）开发的组织承诺量表中的情感承诺维度进行测量，该维度共 6 个题项，被试通过采用 Likert 5 点计量量表填答符合自己情况的描述，具体题项如表 3-5 所示。

表 3-5　情感承诺的量表

情感承诺
1. 我把单位的事情当作我自己的事情来处理了
2. 我非常乐意今后一直在我目前所在的单位工作
3. 我对所在的单位有很深的个人感情
4. 我在单位有种"大家庭里一分子"的感觉
5. 从感情上而言，我很喜欢这家单位
6. 我对这家单位有很强的归属感

（三）积极情绪

目前许多研究者从不同角度来定义积极情绪，例如，罗素曾提出"积极情感就是当事情进展顺利时，你想微笑时产生的那种好的感受"；我国学者孟昭兰认为"积极情感是与某种需要的满足相联系，通常伴随愉悦的主观体验，并能提高人的积极性和活动能力"。而情感认知理论则认为"积极情感就是在目标实现过程中取得进步或得到他人积极评价时所产生的感受"。无论哪一种角度都认为积极情绪是一种积极的情感状态。情感状态是对现有状态的一种相对短暂、易波动的情感体验，情境因素会对其产生一定的影响。

根据积极情绪扩展理论，积极情绪不仅能带来个人思维活动的瞬间扩展，还能帮助建立长期的个人资源。这些个体的资源包括身体资源、社会资源、智力资源以及心理资源。个人资源的增加往往源于积极情绪体验，这一附带效应使个体受益颇丰。个体的思维可以变得更加活跃、处理问题也更加得心应手，在增长知识、丰富阅历的同时也能强身健体。同时，透过积极情绪扩展理论还可以发现：在日常生活和工作中培养积极的情感偏好是使个体身心愉悦、促进事物顺利发展的催化剂。

为了评估被试对自己积极情绪的感知程度，本书采用 Watson 等（1988）改编后的 PANAS 量表中的积极情绪（PA）部分来测量实验设计中的积极情绪。参与者通过采用 Likert 5 点计量表（"1"表示"从不"，"5"表示"总是"）对自己在日常工作中情感发生的频率进行评价，该量表包括 9 种不同的积极情绪，分别为：①活跃；②兴奋；③感激；④快乐；⑤欣喜；⑥自豪；⑦兴高采烈；⑧充满热情；⑨精力充沛。

四、真实性感知的界定与测量

领导的谦逊行为在下属看来是否真实是决定谦逊产生积极或消极作用的重要因素。当领导的谦逊行为被认为是真诚或真实时，他们的行为会被更好地接受。真实性是指个体自我认知的真实，真实的人不会假装拥有自己没有的品质或信仰。真实也可以说是发现自我、表现自我、忠于自我以及发现属于自己的生活轨迹。真实的行为意味着自己的行为与自己的价值观、需求、偏好保持一致，而不仅是为了取悦他人或通过虚假的行为获得利益或奖励。然而，领导者所推崇的价值观往往与他们的行为所展现出的实际价值观存在不匹配的现象。为了做到真实，领导需要确保自己的行为、自己的语言和意图保持一致。

真实性感知没有直接的量表，本书根据 Kernis（2003）提出的关于行为真实性的相关概念，改编了 Martinez 等（2017）开发的真实性量表中的行为部分，把行为真实性内容聚焦到领导谦逊行为上。被试通过采用 Likert 5 点计量表对自己上司表现出的谦逊行为的真实性进行评价，该量表包括 3 个题项，具体题项如表 3-6 所示。

表 3-6　真实性感知的量表

真实性感知
1. 我上司展现出的谦逊行为和他/她的真实自我是匹配的
2. 我对我上司展现出的谦逊行为的感知和他/她的真实自我是一致的
3. 我上司展现出的谦逊行为和我感知到他/她的真实自我是匹配的

五、心理安全感的界定与测量

在组织变革的研究中，学者们提出了心理安全感（Psychological Security）

这一概念。Kahn 在 1990 年提出这个概念，Kahn 认为，员工的心理安全感是其对自己周围工作环境的一种自我感知，这种感知是对周围环境风险情况的一种认知，当员工感知到自己在组织中的职务、地位和未来职业生涯不受侵害和威胁时，勇敢地表达自己意愿或做出积极主动行为的一种主观心理感受。这种心理感受与员工能否在工作中获得利益有着密不可分的关系。随着经济的全球化和互联网的不断发展，企业的工作环境也日益动态化和复杂化，研究者和管理者对员工的心理安全感越来越关注。

按照安全感来源的不同，研究者将其分为三种：组织心理安全感、团队心理安全感及个体心理安全感。团队心理安全感是团队成员之间的心理共享程度，也可以说是对自己在团队中进行的人际风险行为是否安全的一种心理感知。只有当个体感知到自己是安全的情况下，个体才会认为自己的行为在这个团队中是被鼓励和赞同的。对于组织心理安全感，大多数研究者是将团队心理安全感的研究视角直接转换为组织心理安全感的研究视角，将团队心理安全感作为影响组织心理安全感的一个重要因素，假如员工能够不受组织约束，在组织中勇敢地表达自己意愿或做出积极主动行为，那么这个员工组织心理安全感就会很高。而本书是从个体层面的角度进行研究分析，认为心理安全是一种认知状态，在这种状态下，员工"感到能够展示和表现自己，而不用担心对自我形象、地位或职业产生负面影响"。

关于心理安全的测量问题，由于对心理安全的界定还没有统一，因此其测量方法也各有侧重，不尽相同。总体而言，目前研究者主要从团队和个人两个角度对心理安全进行测量，例如，Edmondson（1999）的团队心理安全感，May 等（2004）、Detert 和 Burris（2007）的个体心理安全感。Edmondson（1999）的量表是最早的团队心理安全感量表，也是目前为止研究者最常用的心理安全感测量工具。Detert 和 Burris（2007）的个体心理安全感量表包含三个题项，但由于该量表仅公开了一个题项，在对个体的心理安全感进行测量时，被试的心理安全感表达得不够完整，一般不建议采用。

本书强调个人对组织的心理安全的看法及其对个人行为的影响，因此我们采用 May 等（2004）开发的个人心理安全量表。该量表包含三个测量题项。被试通过采用 Likert 5 点计量表填答符合自己情况的描述，具体题项如表 3-7 所示。

表 3-7　心理安全的量表

心理安全
1. 我敢于在工作中表现真实的自己
2. 我敢于在工作中表达自己的观点
3. 我的工作环境很友好

六、工作不安全感的界定与测量

对于企业中的每个成员而言，工作不安全感是个体对工作是否能够存续的一种不确定感。Greenhalgh 和 Rosenblatt（1984）最先对工作不安全感进行了界定："在一个不确定、动荡的工作环境下，对于维持工作的持续性的一种无助感。"这一界定在后来的工作不安全感研究中被广泛引用。目前，对工作不安全感概念有很多相似的定义。例如，"对雇用继续性的担心""对工作未来存在性的一种总体担心"。总体来说，目前对工作不安全感的界定并没有达成一致，有些学者倾向于从主客观的视角看待工作不安全感，有些学者倾向于从急性和慢性角度对工作不安全感进行解读。尽管目前对工作不安全感的界定还未达成一致见解，但研究者只是从不同的视角对工作不安全感进行解释，因此它们之间并不矛盾。

关于工作不安全感的测量问题，由于对工作不安全感的界定还没有统一，因此其测量方法也各有侧重，不尽相同。总体而言，目前研究者主要从三个角度对工作不安全感进行测量，分别为：整体测量、单维测量和多维测量。整体测量的研究者侧重从整体角度出发，通过单个条目或少数条目对参加测试人员对自己工作丢失的焦虑程度或工作丢失可能性的感知进行测量。被试在测量时往往需要回答如"在不久的将来你有多大可能性被解雇"或者"被解雇真的是一件令人很害怕的事情"。通过对这些问题回答的检验和分析，研究者最终判断出被试对工作不安全感的感知程度。单维测量的研究者从避免测量变量之间受到互相干扰的角度出发，通过综合测量的方法，将单个条目对工作时间比较短的员工的工作不安全感进行测量。被试在测量时往往需要回答"在你看来，你在不久的将来失业的可能性有多大？"多维测量的研究者认为工作不安全感不仅包括整体的工作，而且包括一系列具体的工作，因此，为了更好、更准确地对工作不安全感进行测量，研究者开发了多维度的工作不安全感测量量表。例如，Borg 和 Elizur（1992）将工作不安全感分为两个维度：认知工作不安全感和情感工作不安全感。Blau 等（2004）将工作不安全感分为三个维度："人力资本"不安全感、"工作条件"不安全感和"工作丧失"不安全感。

根据以往工作不安全感的实证研究，考虑到测量的可操作性，本书采用 Witte（2000）开发的工作不安全感的测量量表。被试通过采用 Likert 5 点计量表（"1"代表"非常不符合"，"5"代表"非常符合"）对问卷中自己的工作不安全感的符合程度进行评价，该量表包含四个题项，具体题项如表 3-8 所示。

表 3-8　工作不安全感的量表

工作不安全感
1. 我害怕我将会丢失现在的工作
2. 我对当前工作的前景感到不安
3. 我认为在不久的将来，我会失去现在的工作
4. 我不确定我能保住现在的工作

第二节　相关理论及发展

一、依恋理论

依恋理论（Attachment Theory）最初由 Bowlby（1969）提出，用于解释婴儿与其看护者之间的依恋关系。该理论聚焦于个体对自我和重要他人的距离与亲密度之间的最佳平衡感知，试图解释个体与他人之间的情感联结本质。在亲子依恋关系中，成年人可以通过对孩子需求的感知和关注来让孩子感到满足。依恋行为具有跨文化的普遍性，有时是互惠的，但往往又是单向的。依恋涉及特定的行为，如个体感到不安、害怕或受到威胁时，会想到和依恋对象待在一起或向依恋对象寻求帮助等。

研究指出，依恋的实质是他人的支持如何在培育个体的探索行为中发挥作用。尤其是当个体接受到来自于监护者的感知性和回应性的支持时，他们所产生的探索行为或在与新环境的互动中能力的提升行为。随着研究的不断深入，依恋理论的研究由最初的关注亲子关系转变为开始探索其对领导者与上下级关系的影响。学者们认为，上下级关系在很多方面都类似于亲子关系，领导者像父母一样，他们的角色包括指导、管理、控制以及照顾那些能力比自己弱、命运与自己息息相关的人。儿童对父母的依赖程度或下属对领导者的关注程度，使后者的影响变得非常重要，研究者也将从这种类比中获益。通过对良好的养育过程的研究和理解，研究者能够更好地了解一个优秀的领导者如何帮助其下属成长和发展。

作为一种新的"自下而上"的领导方式，谦逊型领导具有以下特征，包括：①平易近人，尊重和体谅他人；②正确自我认识，客观看待自己的优缺点；③欣赏和赞美他人；④开门纳谏，善于倾听和学习。本书认为，谦逊型领导在对下属的影响方面与"好"父母对子女的影响类似。为了进一步说明谦逊型领导与"好"父母之间类比的相关性和可行性，本书在 Popper 和 Mayseless（2003）的领导行为与"好"父母的培养行为类比基础上，对谦逊型领导的相关研究结果和发展心理学文献中"好"父母的相关研究结果进行了总结和对比分析，具体分析内容如表 3-9 所示。

表 3-9　谦逊型领导与"好"父母的特征对比

谦逊型领导	"好"父母
会表现出倾听的兴趣和愿望，并能够积极给予回应	能够感知和理解孩子的需求，并对孩子的需求做出回应
能够平易近人，尊重和体谅下属	在情感上是开放和具有表现力的，充满热情和爱心，易于接受情感沟通
愿意接受下属的弱点和缺点，能够给他们足够的信任和机会	根据孩子的成熟程度为孩子设定具有挑战性的目标；相信孩子能应付这些情况
给下属发展空间能够促进下属的自我实现，即帮助下属实现自己的理想和抱负，使其能力得到最大程度的发挥	接受并加强孩子对自主发展的需求，强化孩子的价值感、认同感和能力
在员工面对挑战性任务时，会给予及时的鼓励和帮助，这些充满信任、赞美和认可的表达能够有效增强员工完成创新工作和任务的信念	为孩子提供新的和有挑战性经历的机会，激发孩子的兴趣，以合作和支持的方式促进孩子的技能和能力

谦逊型领导	"好"父母
对下属是支持和欣赏的，这能够促进下属的自信和自尊，使其具有成就感	让孩子产生自我价值感、情绪成熟感、能力、独立性、探索能力和成就导向
在可教性上具有榜样示范的作用	作为孩子模仿和学习的榜样

从表3-8的例子中可以看出，"好"父母所做的事情以及他们与孩子的相处方式与谦逊型领导的行为以及他们如何对待自己的下属非常类似。相似性主要集中在以下三个方面：①两者都愿意倾听，并关心和爱护被监护者；②两者都会通过提供给机会、促进相关经验、给予支持等方式来增加被监护者的自主权；③两者都是值得认同和尊敬的积极榜样。从这些例子中可以清楚地看到，领导和下属之间的关系同父母与子女之间的关系有很大的相似性。这种相似性为领导力研究在概念和实证研究上提供了机会，通过对亲子关系文献的借鉴，发现领导行为背后的潜在动力。这里需要说明的是谦逊型领导和家长式领导的区别，虽然表面上看二者有些类似，但其关注的焦点却完全不同。家长式领导包含三个维度：威权、仁慈和德行领导。其中，与谦逊型领导最为相近的是仁慈型领导，这一领导维度指的是领导者关心下属个人或其家庭成员的行为，强调的是上级对下级的关心，而谦逊型领导除了关心外，更多的是对下属的尊重、信任和认同。因此，这里的"好"父母特征与谦逊型领导的特征更加匹配。

此外，中国具有悠久的文化历史，中国人深受传统文化影响，与西方领导力相比，中国领导力深受中国传统文化影响，其中对领导力影响最深的是儒家思想。儒家思想强调"仁治"。中国是一个集体主义社会，人与人之间存在着重要的关系，为了和睦的关系，人要学会和周围的人保持和谐一致的关系。儒家思想对关系的强调使人们看重忠诚以及友爱的价值。这些美德要求管理者要懂得组织公平的意义，要在组织中保持自己的美德。为了组织的利益，员工要服从管理，要懂得团结，要和组织的发展原则保证一致，为了达到这一目的，领导者要无私奉献，以圣贤为榜样来促进组织和谐。领导要作为践行仁慈的典范，在组织管理中，要像对待孩子一样对待下属，反过来，下属也要听从和忠诚于自己的领导，不要在组织中形成小团体来反抗领导。在组织中，等级秩序是清晰的，每个人都要明白自己的角色和位置，就像在家庭中父母和孩子的角色一样。领导就像家长，要懂得包容和理解，要学会引导和影响自己的下属。

领导的重要责任就是培养下属成为有学问、有才德的人，最终在组织中找到属于自己的正确位置。

在组织环境下，谦逊型领导属于关爱型领导，他们能给下属提供安全感，这种安全感是员工发展其他积极属性的先决条件，如自我效能、自尊、信任、积极情绪等，是员工体验和实现马斯洛层次需求中更高层次需求的能力基础。因此，针对本书中谦逊型领导对员工主动行为的影响及其作用机制问题，依恋理论可以进行有益的揭示和解释。

二、主动动机模型

动机是影响主动行为的关键性因素，学者们倾向于将动机作为领导对主动行为影响的机制。本书基于 Parker 等（2010）提出的主动动机模型，构建谦逊型领导对员工主动行为的中介路径。为了建立相关假设，本书首先对主动动机模型的基本内容进行阐述；其次结合依恋理论，从主动动机模型出发，确定本书的动机路径；最后根据研究的理论框架阐述核心构念之间的关系。

工作中的主动行为是旨在引起或促使变革的行为，具有三种特性：自发性、前瞻性和变革性。研究表明，不同类型的主动行为很有可能存在共同的动机过程。为此，Parker 等（2010）在现存动机理论基础上，提出了情境变量可以通过三种不同动机路径影响主动行为的模型。在模型中，Parker 等根据自我调节理论、目标设定理论和期望理论，识别了三种不同的动机路径："能力"路径、"意愿"路径以及"情感"路径。"能力"路径指个体对是否有参与主动行为的能力的感知，"意愿"路径指个体对是否值得参与主动行为的感知，"情感"路径指个人是否有激发自我参与主动行为的情感经历。换言之，他们认为主动目标的生成和获得需要依靠个体是否有进行主动的能力、是否有想带来改变的意愿以及是否有促进主动行为的积极情绪。此外，Mitchell 和 Daniels（2003）在其动机过程的研究中将个体的动机过程进行了重新定义和划分，他们将个体的认知动机过程定义为"冷"动机，将与情感有关的动机过程定义为"热"动机。根据 Mitchell 和 Daniels 的划分，Parker 等的"能力"和"意愿"动机路径属于"冷"动机过程，"情感"动机路径属于"热"动机过程。

（一）"能力"路径

在"能力"路径中，自我效能是一个关键构念，它代表着一个人对自己能力的判断和信心。根据期望理论，Morrison 和 Phelps（1999）指出，主动行为往往伴随着个人风险，一旦行为失败或招致别人的反对，名声或名誉将会受到一定程度的损害。只有当个体的自我效能感高或对自己的主动行为能力有信心时，才会积极地去权衡或看待冒险行为的成本，相信自己能够应对任何潜在的挫折和困难，从而进行主动行为。通常情况下，自我效能高的个体都能够比自我效能低的个体感知到更多的成功可能性。因此，自我效能一直被认为是驱动主动行为的关键认知—动机过程。从实证的角度来看，很多研究已经证明了自我效能感与员工主动行为之间的关系。研究发现，自我效能能够预测个人主动性、求职行为以及其他一些主动行为，如创新行为、新员工主动社会化及掌控行为。

"能力"的作用常常被应用于两个方面。首先，从人格特质方面来看，自我效能感被认为是主动性人格驱动主动行为产生的潜在中介机制。Frese 和 Fay（2001）的研究发现，主动性人格通过自我效能对主动行为产生积极影响，自我效能提供了实施主动行为的动机。在这一观点的基础上，Parker 等（2006）发现，角色宽度自我效能感在主动性人格与员工主动工作行为之间起中介作用。Brown 等（2006）发现了求职自我效能感中介主动性人格与求职行为之间的正相关关系。其次，从工作设计方面来看，自我效能作为一种情境评估构念可以通过工作的充实感来提高。工作的充实感能够保持员工对工作环境的控制感，而控制感是自我效能感的决定因素。Speier 和 Frese（1997）的研究结果支持了这一观点，他们发现工作控制首先会有助于自我效能感的提高，从而导致更多的主动行为。无论是个人特质方面还是工作设计方面都强调了能力在主动行为实施过程中的重要性。

除了自我效能，还有一些其他能力因素也会影响到主动行为的产生。例如，Frese 等（2007）发现了控制评估与个人主动性之间的正相关关系，Tidwell 和 Sias（2005）发现，组织信息寻求过程中感知到的社会成本，对新员工的公开信息需求行为有负向的影响。Ashford 等（2017）的研究也表示，与消极结果相关的情境因素会阻碍个体问题推销的意愿。

（二）"意愿"路径

Eccles 和 Wigfield（2002）在其研究中指出，"即使人们相信自己有能力完成一项任务，也有可能因为没有信服的理由而不去做这件事"。这说明，除了能力外，考虑参与主动行为的内在动机也同样重要。Parke 等（2010）根据自我决定理论，在其研究模型中论证了内在的和自主的动机形式对激发主动行为的重要性，同时他们也指出，产生主动目标和为目标而努力可以成为实现动机、愿望和欲望的一种手段。在一系列内在动机的研究中，学者们发现，内在动机可以从基本需求的满足中获得，例如，研究发现，控制欲在一定程度上可以激发员工的主动社会化，个人主动性与对控制欲的渴望积极相关，对于实用信息的渴望也会驱使员工进行积极的反馈寻求。内在动机也可以从个体对职业、团队和组织产生的承诺中获得，例如，研究发现，对不同层次的承诺与个人主动性和不同层次的主动行为正相关；情感承诺可以预测员工更多的主动行为。

此外，内在动机还可以从外在目标、价值观以及被他人认同的内化过程中获得，这种内化是一种更广泛的角色感知，个体在感知的过程中以灵活的方式定义自己的角色，会对即将带来的改变产生责任感。研究发现，个体感知到有义务带来环境改变的信念与个人主动性和主动行为积极相关。具体而言，个体感知到的责任与掌控行为、建言行为、个体创新行为以及变革行为正相关。此外，在工作环境中，与责任感相关的灵活角色定位（Flexible Role Orientation）也与主动行为相关，工作中的灵活角色定位能够预测员工的多种主动行为，包括想法建议、想法实现以及问题解决。

（三）"情感"路径

除了"能力"和"意愿"两个"冷"动机会影响主动行为外，"热"动机"情感"也会对主动行为产生影响。学者们一致认为积极的情感能够激发个体的主动性。积极情绪不仅会扩展人的思维产生更灵活的认知过程，而且能够促进个体对主动目标生成的渴望，因此，积极情绪会影响个体对主动目标的选择。研究表明，积极情绪与主动行为之间存在正相关关系。例如，研究发现，积极情绪与主动社会化、掌控行为、个人主动性以及更多的个人创造力表现正相关。Bindl 和 Parker（2012）对积极情绪与主动行为之间的关系进行了进一步论证，他们在研究中验证了被激活的积极情绪对主动目标调节的多方面影响，并显示了在预测主动性过程中，积极情绪超越自我效能感和承诺起到增量作用。

研究还发现，消极情绪也会对员工主动行为产生一定的影响。从情感的两极性角度来看，积极情绪和消极情绪是同一连续体的两个相对的概念，因此，相对于积极情绪，消极情绪应该与员工主动行为呈负相关关系。研究表明，消极情绪与员工的信息搜索、反馈寻求、社会化、网络建构、建言等行为呈负相关关系。尽管学者们认为消极情绪会抑制员工主动行为的产生，但同时他们也指出，消极情绪代表着现实情境与理想情境之间差异的感知，在某些情况下，为了减少差异化感知，消极情绪会促进个体积极主动地进行自发的、以改变为导向的行为。Den Hartog 和 Belschak（2011）在其一项研究中证明了消极情绪与个人主动性之间的正相关关系。

此外，工作投入由于其测量是通过对受访者的工作热情、敬业精神和工作专注度的调查，因此有时也被研究者当作主动行为的"热"动机来研究。Salanova 和 Schaufeli（2008）的研究发现了工作投入与自报式的个人主动性积极相关。Hakanen 等（2008）的纵向研究结果进一步证明了工作投入与个人主动性呈正相关关系，除此之外，他们在研究中还发现工作投入与个人主动性有时会相互影响。Sabine（2003）在其纵向的日记调查研究中也发现了日常工作投入与日常个人主动性之间的正相关关系。

综上所述，在现存的主动行为的文献中，"能力""意愿"和"情感"被认为是主动行为的三个主要的动机机制。虽然对每一种机制都开展了相关研究，但把这三个动机机制整合起来进行全面、系统化的研究却很少。本书在依恋理论和主动动机模型的基础上，从三条动机路径出发，构建谦逊型领导影响员工主动行为的多中介路径。首先，从"能力"路径出发，根据主动行为的特点以及角色宽度自我效能在"能力"路径中的重要作用，本书在"能力"路径的选择上关注角色宽度自我效能在谦逊型领导与员工主动行为之间关系的中介作用，构建谦逊型领导影响员工主动行为的第一条路径。其次，从"意愿"路径出发，根据谦逊型领导的行为特点以及情感承诺可以预测员工更多的主动行为这一研究结果，本书在"意愿"路径的选择上关注情感承诺在谦逊型领导与员工主动行为之间关系的中介作用，构建谦逊型领导影响员工主动行为的第二条路径。最后，从"情感"路径出发，根据积极情绪在激发个体主动性方面的积极作用，本书在"情感"路径的选择上关注积极情绪，构建谦逊型领导影响员工主动行为的第三条路径。

三、社会学习理论

目前社会学习理论都是以 Bandura 的社会学习理论为前提的，即学习并不总是只靠第一手经验获得结果，而是通过利用观察和模仿的力量来达到目的。

社会学习理论建立在这样一种观念之上，即学习是通过社会观察以及对随后的示范行为的模仿而发生的。根据社会学习理论的观点，人类通过观察他人的行为以及由此产生的后果来学习。按照这种方式，个体可以学会模仿观察到的行为，从而获得回报，也可以学会不模仿特定的行为，从而避免不愉快的后果。社会学习理论通常被视为行为主义和认知学习理论之间的桥梁，它包括认知、行为和环境之间的相互作用。

社会学习理论通过认知、行为和环境决定因素之间持续的相互作用来解释人类行为。在互惠决定论的过程中，存在着人影响自己命运的机会和自我导向的限制。这种人类功能的概念既没有把人变成受环境力量控制的无权物，也没有把人变成他们选择成为的自由个体。人和自己所处的环境是相互的决定因素。从社会学的角度出发，社会学习理论对学习理论的研究较长，但对社会意义的研究较短。然而，从微观上来讲，实验社会心理学的主要范式在对亲社会行为和越轨行为的理解上做出了重大贡献。特别是 Bandura 证明了观察学习在复杂社会行为中的力量。

Bandura 指出，通过观察他人，人类有能力发展关于新行为如何执行的想法。人们在观察后会将这些信息编码存储到记忆中，并在观察后立即或在以后的场合中用作行动指南。根据 Bandura 的观点，构成观察学习或建模的四个主要组成部分包括：①关注。为了在观察过程中进行学习，个体必须关注自己要模仿的行为。观察者和被观察者的特征可以影响对模仿活动的关注程度。例如，一个瞌睡的观察者、生病的观察者或者其他分心的观察者不可能有和完全专注于被模仿者的观察者相同的注意力水平。②保留。如果个体要从观察到的行为中学习，他们就必须反过来记住这些要模仿的行为。通过使用意象和描述性语言，可以帮助记忆和回忆，从而增加被观察者被模仿的行为重现的可能性。③再创造。在这个阶段，观察者将模仿的行为转换为适当的个体行为。再现观察到的行为包括将模型提供的保留的图像和语言转换为符合所建模的模式响应。当观察者练习新的行为时，行为的复制就会得到改善。④动力。复制观察到的行为需要一些动机，如果没有模仿的理由，个体不可能做出努力。尽管观察性学习的基石是注意力、记忆和动机，但 Bandura 开始通过探索自我效能信念的认知概念来增加他的建模工作，因为它们与促进对人类行为的理解有关。自我效能感是对自己能力的一种信念。这些信念可以显著地影响一个人对周围环境和事件的感知，并经常决定一个人是否能够成功地执行特定的行动。Bandura 对自我效能感的关注使他的社会学习理论深入到认知领域，因此，

Foster 在 2006 年对他的评价是："他创造了社会认知理论这个术语，认为一个人的行为、环境和内在品质是相互作用的，在解释人们是如何工作的过程，任何一个都不占主导地位。"

此外，Bandura 的社会学习理论认为，行为是由期望和激励决定的：出于探索的目的，期望可以分为三种类型：①对环境线索的期望；②对自己行动结果的期望；③对个人执行某种行为所需行动力的期望。激励被定义为一个特定对象或结果的价值。其结果可能是健康状况、外貌、他人的认可、经济收益或其他结果。行为是由结果控制的，但只有当这些结果被个人解释和理解时才会发生。举例来说，那些珍视生活方式改变所带来影响的个人会尝试改变。因为他们相信：①他们目前的生活方式对个人价值构成了威胁，如健康或外表；②特定的行为变化将减少威胁；③自己有能力接受新的行为。

谦逊型领导属于"自下而上"型领导方式，具有平易近人、开门纳谏、正确的自我认知等特点，根据社会学习理论，员工可以通过观察谦逊型领导的榜样行为来学习合适的行为。因此，社会学习理论能够对谦逊型领导对员工反馈寻求行为的影响机制进行很好的解释。

第四章 谦逊型领导对员工主动行为 影响的模型构建与研究设计

尽管已有文献对领导行为和员工主动行为进行了初步探讨，但关于非传统的"自下而上"的谦逊型领导风格，特别是中国文化背景下的谦逊型领导，是否能激发员工主动行为、如何激发和提升员工主动行为等问题，现有研究并没有给出充分的解释。

近年来，随着谦逊特质在工作中积极作用的不断被发现，谦逊型领导得到越来越多研究者和管理者的广泛关注。谦逊型领导就像父母一样，他们能够给下属提供安全感，这种安全感是员工发展其他积极属性的先决条件，如自我效能、自尊、信任、积极情绪等，是员工体验和实现马斯洛层次需求中更高层次需求的能力基础。此外，动机是影响主动行为的关键性因素，学者们倾向于将动机作为领导对员工主动行为影响的机制。然而，以往研究大都从单一动机路径视角解释领导行为对主动行为的发生机制，缺乏系统的理论解释框架。主动动机模型为领导行为与主动行为关系的研究提供了一个系统性的分析框架。该模型与动机系统理论中的信念、目标和情感三个动机源的出发点相吻合，从三种动机状态"能力""意愿""情感"出发，系统阐述了主动行为产生的动机过程，为主动行为的研究提供了一个新的视角。那么，谦逊型领导作为"自下而上"的领导方式能够激发员工的角色宽度自我效能、情感承诺以及积极情绪，进而促进主动性行为的产生吗？换言之，通过引入主动动机模型，是否可以解释谦逊型领导让员工有能力、有理由、有热情地进行主动行为的内在机理？

此外，领导风格的有效或无效往往由一定的情境决定。领导者对员工显示出的权力的程度取决于他们展现出的能力和行为，而不仅是等级职位的产物。以往的研究认为，领导者需要具有影响他人的强烈愿望，而这种观点往往忽视了极其重要的一面，即领导力也取决于下属能否接受和如何理解领导者带给他们的影响。研究指出，受谦逊特质本身特点的影响，谦逊的真实性是谦逊型领导有效性的重要影响因素之一。基于下属视角的领导谦逊行为是否真实是决定谦逊产生积极或消极作用的重要因素。如果领导的谦逊行为被认为是真诚或真实时，他们的行为会被更好地接受。因此，从下属为中心角度探讨真实性感知在谦逊型领导与员工主动行为之间的调节作用，也可能有助于解释谦逊型领导激发员工主动行为的边界条件。

第一节 谦逊型领导与员工主动行为的关系

工作场所中员工实施的具有变革性的目标调节行为被称为员工的主动行为，它是一种自愿的、超出工作职责所要求的角色外行为。以往研究将员工主动行为界定为一种亲社会行为，这种行为旨在提升组织绩效以及促进组织变革。然而，员工主动行为通常存在一定的个人风险，而上司对员工主动行为的支持、鼓励和欣赏能够在一定程度上避免其退缩认知（Withdrawal Cognitions），提高其心理安全感，进而促进他们主动行为的产生。例如，Scott 和 Bruce（1994）发现，领导的期望和态度能够影响员工的主动行为，当领导者们期望他们的下属成为创新者或创新的支持者时，他们的下属会表现出更多的创新行为。其后的研究发现，高层管理者对于变革的开放程度会对员工是否愿意承担责任的意愿产生影响，从而影响到员工积极主动性的发挥。此外，当员工在组织中得到领导者的支持，员工更易产生主动行为；但当其上司是一名辱虐型领导时，其主动行为程度则较低。由此可知，领导者可以通过减少等级差异来保障下属的安全感和心理自由，进而激发员工更多的主动行为。那么，究竟哪种领导方式能够更好地激发员工的主动行为呢？

与以往研究关注的领导风格不同，谦逊型领导概念侧重于强调一名领导需要对自我有正确的认识，能够欣赏下属的能力和贡献，关注下属的发展和心理自由，同时需要在工作中不断地学习，从而发挥下属在领导过程中的重要作用，促进组织长远发展。从其关注的焦点来看，谦逊型领导必将对员工主动行为产生积极的影响。相关实证研究也证实了谦逊型领导对员工态度和行为产生的积极效应。为此，本书将针对谦逊型领导的行为特点，并采用依恋理论来说明谦逊型领导与员工主动行为之间的关系。

根据第二章谦逊型领导量表开发的结果，本书采用的谦逊型领导概念是一个由平易近人、欣赏他人、正确自我认知和开门纳谏四个维度组成的多维结构。依恋理论认为，他人的支持能够在培育个体的探索行为中发挥作用。当个体接受到来自监护者的感知性和回应性支持时，他们所产生的探索行为或在与新环境的互动中的能力都会有所提升。因此，从概念上讲，谦逊型领导的四维结构与员工主动行为密切相关。

首先，谦逊型领导坦然承认自身不足和局限的行为能够在员工心中树立一个真诚正直的领导形象，从而赢得员工的信任和敬仰，消除下属暴露自己经验不足和错误的心理压力。心理障碍和压力的解除能够让员工更多地关注主动行为的利益，较少地考虑其成本。其次，谦逊型领导的平易近人和富有亲和力的行为能够有效地笼络人心，让下属忠心追随，进而促进和加强领导与下属之间的关系，而领导和下属之间关系的质量会影响员工主动性的发挥。再次，谦逊型领导对下属能力和贡献的欣赏能够鼓励下属承担更多的责任，提前考虑自己的工作任务，并积极主动地采取措施提高工作绩效。根据人际期望理论，人们都有对良好人际关系的需求，当领导发出对员工的能力和贡献欣赏的信号时，员工为了维持领导的积极欣赏和支持，会积极主动地发挥自身的专业优势更好地表现自我。最后，谦逊型领导积极学习、认真听取下属意见的行为能够让员工感知到领导对新思想的开放性心态，减少了员工对主动行为可能产生的负面影响的顾虑，增加了员工的心理安全感和工作的主动性。

总之，谦逊型领导就像"好"父母一样，关注下属成长，给予下属生活和工作等全方位的关心和支持，更多地替下属考虑。根据社会交换理论，当员工接收到来自领导的关心和支持时，员工会在工作中表现得更加积极主动，更加关注组织的利益，以此报答领导。因此，当下属感受到领导的谦逊时，他们对组织的认同感会更强，更愿意以一种积极的方式去解决问题、迎接挑战、完成任务。基于以上讨论，提出假设1：

假设1：谦逊型领导正向影响员工主动行为。

第二节　谦逊型领导对员工主动行为影响的路径

一、角色宽度自我效能路径

自我效能指的是在特定情境下个体对自己是否能够完成任务的能力的推测

与判断。社会认知理论认为，效能是个体对自己能力的一种主观感受，是个体主观能动性发挥的重要驱动力，这种效能感来自于个体对自己是否有足够能力去完成工作任务的自信程度，而非能力本身。由此可知，自我效能的作用只有针对某一领域时才会得到更好的发挥，特定的自我效能感信念相比一般性的自我效能感具有更强的激励作用。角色宽度自我效能针对的是个体更宽泛和积极性的工作能力，和自我效能相比，更关注个体的主动行为。因此，角色宽度自我效能能够比一般的工作效能更好地预测个体的主动行为。当员工具有较高的角色宽度自我效能水平时，他们会更相信自己所拥有的解决问题和挑战新任务的能力，对于遇到的困难和挫折也会抱有积极肯定的态度，从而在工作中展现出更多的积极主动性。

角色宽度自我效能是 Parker（1998）在自我效能的基础上提出的，指的是员工对于自身是否有能力进行一系列更宽泛的、超出岗位要求的工作任务的一种感知。作为一种新的效能概念，角色宽度自我效能近年来受到很多研究者的关注，并被广泛应用于主动行为领域，在揭示个体的认知心理过程如何影响员工主动行为方面发挥了重要作用。根据认知心理学观点，个体的行为态度会极大地受到个体认知过程的影响，自我效能是人的主观能动性产生的基础，任何外在因素是否会对人的行为和态度起到激励作用，都会受到个体效能信念的影响。因此，在面对困难时，人们去行动或坚持的动力是他们相信自己的能力，即相信自己能够通过行动或坚持而避免消极的后果并获得期望的结果。领导在决定员工的自我效能时起着关键性作用，领导的鼓励、评价、建议等因素在很大程度上会影响员工对自己工作能力的判断和自信水平。此外，领导向下属表达积极的和鼓励的信息或考虑其职业生涯的发展等行为都会导致下属角色宽度自我效能感的提升。综上所述，本书引入角色宽度自我效能这一中介心理变量来解释谦逊型领导与员工主动行为之间的作用机制。

自我效能的形成与发展主要受以下四个方面因素的影响，即以往经验、榜样示范、身心状态和言语劝导。本书认为，这四个方面的因素可以用来解释为什么谦逊型领导会对员工角色宽度自我效能产生影响。事实上，在现实的生活和学习中，人们在对自己信赖的人的模仿和关注的过程中，对他人好的行为习惯进行习得。

在组织中，员工通常把领导作为模仿对象，例如在追求工作绩效时，员工通常会把领导作为榜样和标尺。领导的榜样作用能有效提升员工在复杂活动中的自我效能感。谦逊型领导在可教性上具有榜样示范作用。谦逊型领导能够虚心地向他人学习，乐于倾听下属正面和负面的反馈和建议，对新信息和新观点持有开发的态度，这些都能激励员工不断地学习和发展，增强他们面对未来的信心。此外，工作互动时的信息分享也有利于员工自我效能的形成。谦逊型领导平易近人，尊重和体谅下属，能够改善上下级之间的关系，增加上下级之间的沟通与互动，营造出轻松愉快的组织氛围。同时，在与下属的互动过程中，谦逊型领导还会将积极的信息传递给下属，成功的经验有助于员工自我效能感的提升。

领导关心下属、给予反馈、鼓励下属表达想法、帮助下属解决难题等行为都能提升员工的工作兴趣和自我效能。谦逊型领导对下属的肯定、鼓励与建议能使下属坚定自己具备完成任务所需能力的信念。特别是当下属犹豫不定时，谦逊型领导的言语鼓励更容易提升下属的自我效能，当员工感觉到在组织中自己被倾听、被重视，他们会主动地去完成一些职责和薪酬以外的工作，进而体现自身在组织中的价值和作用。此外，谦逊型领导对他人的赞赏和对自己不足的坦承，不仅能有效降低员工的消极情感，增加员工的积极情绪，而且还在一定程度上使员工拥有了自主权和控制感，这对他们主动信念的形成十分重要。

综上所述，谦逊型领导的积极反馈及对员工贡献与价值的肯定，能提升员工的自我效能。特别是当员工处于工作困境时，谦逊型领导对下属的肯定以及鼓励，使员工感受到领导的重视，增强了员工对工作的自主权和掌控感，他们相信自己的行为最终会取得成功，从而角色宽度自我效能感得到提升。基于以上讨论，提出假设2：

假设2：谦逊型领导正向影响角色宽度自我效能。

主动行为作为一种超出工作职责要求外的行为，常常会对现状提出质疑，有的时候会遭到同事或上司的排斥，因此，员工普遍认为主动行为是有风险的，需要付出额外的努力，会带来很高的社会成本。而角色宽度自我效能能使员工有信心承担主动行为的风险，是主动行为产生的重要驱动因素。当员工具有较强的角色宽度自我效能时，他们会相信自己有能力履行超出职责要求外的工作任务，有能力应对潜在的障碍，也更乐意采取主动行为帮助组织发展。因此，具有较高角色宽度自我效能的个体比具有较低角色宽度自我效能的个体更相信他们的行为最终会取得成功，更乐于扮演和承担"积极主动者"的角色。

此外，外界的情境因素会先影响员工的心理认知状态，进而影响员工行为。本书认为，谦逊型领导作为一种重要的情境因素，会先影响员工的主动性信念，进而影响员工的工作积极性和主动性。谦逊的管理者信任下属、重视下属，通过积极反馈能有效提升下属积极的自我认识与角色宽度自我效能，从而激发其主动性行为。基于以上讨论，提出假设3：

假设3：谦逊型领导通过角色宽度自我效能正向影响员工主动行为。

二、情感承诺路径

在探讨了谦逊型领导影响员工主动行为的"能力"路径之后，本节进一步探讨谦逊型领导影响员工主动行为的"意愿"路径，即情感承诺路径。情感承诺是组织承诺的核心概念。组织承诺包含三种承诺，即情感承诺、持续承诺和规范承诺。虽然组织承诺是个多维结构，但在以往的实证研究中，大都强调了承诺中态度和情感层面的重要性，关于情感承诺的研究最为广泛。例如，Meyer等（2012）在其元分析中发现，在组织承诺中，情感承诺比持续承诺和规范承诺能更好地预测积极的工作结果，如工作绩效、组织公民行为等。很多研究也把情感承诺作为组织承诺的代表性构念。根据 Meyer 等（1990）的定义，本书认为情感承诺能反映员工对组织的认同、忠诚以及投入度，体现了员工对组织积极的情感与态度。

承诺是影响员工主动性的重要因素之一。在完成组织交给的任务时，如果员工对组织有承诺的话，他们就会对该任务表现出更强烈的责任感，也会更自信，即使遇到困难也能表现出更持久的坚持性，并且在完成过程中发挥出积极主动性。以往研究指出，情感承诺能解释上司行为对员工主动行为的作用机制。因此，本书认为，情感承诺是谦逊型领导影响员工主动行为的第二个中介心理变量。

在工作过程中，员工通过对上司、团队以及组织的不断了解后，其对上司和组织产生的认同与情感依托也会随之发生变化。因此，员工的情感承诺不是一成不变的，在其职业生涯的发展中具有可塑性。相比西方文化，中国文化情境下的情感承诺更高。中国文化情境下，组织中情感密切维系着个体之间、个体与组织之间的关系，情感能预测个体的行为，由此可知，研究中国文化情境下如何促进员工的情感承诺十分重要。情感承诺的前因变量归结起来主要有三类，即个体特征、组织特征和工作特征。在这些影响因素中，领导作为组织的灵魂人物是影响情感承诺的关键因素，员工在组织中跟领导的接触较多，员工对组织的认知基本都是来自领导，当员工尊重和喜欢领导时，就会产生情感承诺，很多实证研究已证明了领导行为与员工的情感承诺显著正相关，上司的支持与员工的情感承诺也具有较强的相关性。

根据以上阐述，本书认为，谦逊型领导的特征能够"自下而上"地提升员工对组织的情感承诺。基于依恋理论，依恋是人们之间跨越时空的深刻而持久的情感纽带，可以是互惠的，也可以是单向的。在情感上，领导者与"好"父母相似，他们通过对员工的指导、管理、关心和照顾，使其产生对组织的情感依赖和信任。谦逊型领导作为一种关爱型领导，能够促进员工对组织情感承诺的提升。首先，在交往的过程中，谦逊型领导平易近人，尊重和体谅下属，能够满足员工更高层次的精神需求，这样的情感满足会让员工有一种"大家庭里一分子"的感觉，产生对组织高度的归属感、认同感以及依恋感，从而展现出对组织的高水平的情感承诺。

谦逊型领导以平等的身份与员工进行沟通和交流，充分的沟通和交流可以促进彼此的认识与理解，使员工与组织的目标、价值观逐渐趋于一致，进而对组织产生认同。进一步来说，随着沟通和交流的不断增加，员工对领导产生依赖和信任，对组织的认同、投入和忠诚感也会得到不断的增强，从而促进其对组织情感承诺的形成。谦逊型领导欣赏下属的能力和贡献，注重下属的职业成长和发展，让员工感觉到自己的工作能力在组织中得到了肯定和重视，员工会产生回报领导和组织的倾向，对工作会更加投入，也更加自信。研究表明，员工的组织支持感（组织重视员工，关注并支持员工的成长发展等）是情感承诺的重要来源。同时，在工作过程中，谦逊型领导可以在一定程度上增加员工的工作自主权，鼓励员工自我管理。当上司工作赋权的观念增加时，员工的情感承诺也会增加。

谦逊型领导能够坦承自身的不足，乐于倾听下属的意见和建议，这种主动放低姿态的行为能够有效缩小管理者与员工之间的权力距离，拉近管理者与员工的关系，使员工感受到领导的关心与重视，从而满足员工的社会情感。此外，谦逊型领导能够肯定员工的价值，从而让员工相信组织、认同组织，把组织的发展当作自己的事情来对待，表现出更高的情感承诺。基于以上讨论，提出假设4：

假设4：谦逊型领导正向影响情感承诺。

情感承诺是员工的积极心理倾向，强调的是员工对组织的忠诚、认同和情感依恋，情感承诺程度高的员工，对组织价值观和目标抱有强烈的信仰，往往具有较高的组织忠诚度，他们会为了组织目标而加倍努力工作，也会为了组织利益而牺牲个人利益。员工主动行为作为角色外行为存在一定的潜在危险，因此，员工在进行出主动行为之前，会评估主动行为的风险大小，员工的情感在这一过程中起到非常重要的作用。

具体而言，可以从两方面理解情感承诺对主动行为的影响。首先，情感承诺是一种积极的情感状态经验。当员工感知到这些经验，就会受到鼓励而增加对主动行为的工作投入。积极的情感能够促发更多的自发和创新行为，并激发个体完成更加困难和具有挑战性的目标。情感承诺是对超越个人的社会实体的心理依恋。员工对组织的依恋是促使他们投入到与组织利益相关的行为的一个重要动机。情感承诺超过了一般工作情感的影响，是主动行为的一个独特解释变异量。当员工与组织的目标或领导的价值观一致时，他们会与组织或领导建立起较强的情感纽带，从心理层面将自己与组织之间建立起紧密的联系，此时员工会与组织之间形成一种心理契约，自愿为组织的成功做出贡献，自觉做出超出分内工作所要求的事情。

为了更好地支持讨论，本书还借鉴了社会交换理论的逻辑，即在人际互动过程中，交换双方的一方在得到另一方的帮助或支持之后，为维持和强化这种交换关系，通常会偿还或回报给对方相应的好处。同样在员工与组织的交换关系中，谦逊型领导为员工提供平等、尊重的工作氛围及和谐的人际环境，这会让员工感受到组织中对个人工作能力的认可、对个人需求的关心，从而表现出较高的情感承诺。因此，根据互惠原则，在高情感承诺的驱使下，员工会更愿意做出有利于组织良性发展的主动行为。据此，提出假设5：

假设5：谦逊型领导通过情感承诺正向影响员工主动行为。

三、积极情绪路径

在探讨了谦逊型领导对员工主动行为影响的"冷"动机路径后，接下来本书将进一步探讨谦逊型领导对员工主动行为影响的"热"动机路径，即积极情绪动机路径。近年来，组织行为学领域的研究中对情绪的关注不断增加，其中上升趋势最明显的是对工作中情绪作用的研究。对情绪是如何影响以工作绩效、工作效率、创造力、工作投入等为代表的工作变量的探索开始吸引着越来越多的管理实践者和研究者。已有研究中学者们从多个理论视角论证了不同情绪状态在员工认知发展过程、工作行为和态度中的影响。综上所述，本书认为除了情感承诺和角色宽度自我效能，积极情绪也会对谦逊型领导与员工主动行为之间的关系产生影响。

目前许多研究者从不同角度来定义积极情绪，无论哪一种角度都认为积极情绪是一种积极的情感状态。情感状态是对现有状态的一种相对短暂、易波动的情感体验，情境因素会对其产生一定的影响。员工的情感状态在领导和员工的绩效关系中起着重要的中介作用，而领导风格可能会影响员工的情感状态。现有研究表明领导风格对积极情绪的影响显著。例如，通过对领导理论的探索，凌文铨等（2012）发现上司的领导风格会引起下属的正面或负面的情感反应。此外，当个体接收到他人的善意表示时，会产生积极的情感体验。例如，当面对来自他人的善良或慷慨行为时，不同个体的普遍反应是感激的积极情绪，这种观点与依恋理论也积极相关，来自于依恋者的温暖、仁慈和保护行为能够使个体感收到被爱和安全感。因此，本书认为，通过对下属的欣赏、鼓励和支持，谦逊型领导能够激发下属的积极情绪。

具体来说，首先，谦逊型领导能够欣赏员工的能力和贡献，给下属一定的发展空间，让下属感受到领导对自己工作能力的肯定，同时也感受到来自组织的支持和鼓励，这在某种程度上降低了员工的消极情绪，增加了员工的积极情绪。其次，谦逊型领导能理解和尊重下属，在与员工互动的过程中，会主动放低自己，以合适的方式与员工相处，从而使员工在这一过程中对领导者满意，让员工感受到领导对自己的关心，为员工提供了情感上的激励。反过来，随着关注的增加，领导者的谦逊行为会感染到员工，团队成员间的相处模式很可能模仿谦逊型领导对待下属的方式，从而形成一种和谐的人际交往氛围，这种和谐的人际环境会极大地提高员工的工作兴趣和积极情绪。此外，谦逊型领导虚心向他人学习，乐于倾听和接受下属的反馈和意见，这些行为能增加下属对自我的控制感，使其对工作产生兴趣。而工作过程中的领导支持和鼓励能够改善员工焦虑状况并降低其抑郁水平，从而使其工作满意度大大提升，工作中兴奋和快乐的情绪体验也会不断增加。基于以上讨论，提出假设6：

假设6：谦逊型领导正向影响积极情绪。

根据积极情绪扩展理论，积极情绪不仅能带来个人思维活动的瞬间扩展，还能帮助建立长期的个人资源。这些个体的资源包括身体资源、社会资源、智力资源以及心理资源。个人资源的增加往往源于积极情绪体验，这一附带效应使个体受益颇丰。个体的思维可以变得更加活跃、处理问题也更加得心应手，在增长知识、丰富阅历的同时也能强身健体。同时，透过积极情绪扩展理论还可以发现：在日常生活和工作中培养积极的情感偏好是使个体身心愉悦、促进事物顺利发展的催化剂。

　　员工的主动行为往往伴随着风险，是否采取主动行为取决于员工对多种相关因素的分析与衡量，其中不可忽视情感状态的影响。若员工在决策过程中拥有积极情绪，则更愿意以一种积极和客观的心态来分析组织形势，采取主动行为的可能性也就会更大。因此积极的情感体验会加强人们的认知能力和动机，从而促进个体进行创造性思维和提高其解决问题的能力。而且在积极情绪状态的影响下，员工能注意并把握工作中的正面信号而觉得纵有风险也值得一试，弱化了对风险的负面感知，从而更愿意冒风险。因此，积极情绪能显著正向预测员工的主动行为。基于上述讨论，提出假设7：

　　假设7：谦逊型领导通过积极情绪正向影响员工主动行为。

第三节　　谦逊型领导对员工主动行为影响的边界条件

　　尽管谦逊型领导对员工主动行为有积极的影响，但领导风格的有效或无效往往由一定的情境决定。谦逊型领导是一种非传统的"自下而上"的领导方式，谦逊的真实性是影响谦逊型领导有效性的重要条件。例如，Owens 和 Hekman（2012）在对55名来自不同领域管理者的深度访谈中，分析了真实性在影响谦逊型领导有效性中的重要作用。领导的谦逊行为在下属看来是否真实是决定谦逊产生积极或消极作用的重要因素。当领导的谦逊行为被认为是真诚或真实时，他们的行为会被更好地接受。因此，本书认为下属对领导谦逊行为真实性的感知会对谦逊型领导通过角色宽度自我效能、情感承诺以及积极情绪提升员工主动行为的过程产生影响。

　　真实性是指个体对自我的真实，真实的人不会假装拥有自己没有的品质或信仰。真实也可以说是发现自我、表现自我、忠于自我以及发现属于自己的生活轨迹。真实的行为意味着自己的行为与自己的价值观、需求、偏好保持一致，而不仅是为了取悦他人或通过虚假的行为获得利益或奖励。然而，领导者所推崇的价值观往往与他们的行为所展现出的实际价值观存在不匹配的现象。为了做到真实，领导需要确保自己的行为、自己的语言和意图保持一致。

　　谦逊型领导作为一种非传统的"自下而上"的领导风格，其有效性往往会受到谦逊本身特点的影响。谦逊的最大特点就是放低自我，赞美他人。根据社会信息加工理论，员工对领导行为进行信息解释和表征后，会重新构建新的反应，重新评估自己的认知、态度及行为，员工对领导行为的善意解读会受其行为真实性的影响，进而在员工对领导行为的接纳和认可程度上产生影响。这种信息加工过程造成的结果就是，组织中领导有效性的发挥会因个体领导行为真实性感知的差异而产生变化。

首先，本书认为，谦逊型领导与角色宽度自我效能、情感承诺及积极情绪之间的关系会受到领导谦逊行为真实性感知的影响。具体而言，当员工感知到领导的谦逊行为是真实的时，他们通常相信自己的领导是值得尊敬和信赖的，是自己学习的榜样，他们通常会认为领导与员工之间的社会距离比较小，相信来自于领导的坦承不足、欣赏他人、平易近人和开门纳谏。正是因为这种行为的真实性，让员工相信自己有能力完成更宽泛的、超出既定要求的工作任务，让员工产生了对组织的认同感和归属感，更多地体验到兴奋和快乐的积极情绪。相对而言，当员工感知到领导的谦逊行为不真实时，就无法建立领导与下属之间的信任关系，领导的谦逊行为在员工看来只不过是一种表面的或工具性的行为，因此，他们往往担心领导者不真实的行为给自己带来的后果。这种担心无疑会提高他们在日常工作中对于领导谦逊行为的敏感度。员工会对这种不真实的行为本身进行格外的关注，从而无法激发他们在工作中积极感知（角色宽度自我效能、情感承诺、积极情绪）的产生。据此，提出假设8、假设9和假设10：

假设8：真实性感知正向调节谦逊型领导与角色宽度自我效能之间的关系。具体来说，员工感知到的真实性越多，谦逊型领导对角色宽度自我效能的正向影响就越强。

假设9：真实性感知正向调节谦逊型领导与情感承诺之间的关系。具体来说，员工感知到的真实性越多，谦逊型领导对情感承诺的正向影响就越强。

假设10：真实性感知正向调节谦逊型领导与积极情绪之间的关系。具体来说，员工感知到的真实性越多，谦逊型领导对积极情绪的正向影响就越强。

其次，基于真实性感知在谦逊型领导与角色宽度自我效能、情感承诺以及积极情绪之间的调节效应，本书进一步提出了第一阶段被调节中介假设，即谦逊型领导通过角色宽度自我效能、情感承诺及积极情绪正向影响员工主动行为的过程受到真实性感知的调节。

　　如前所述，员工主动行为属于自发的行为，企业无法强迫员工完成超出其岗位要求之外的工作和任务。但同时它也带有一定的个人风险，这类行为容易被误解为对企业的和谐和领导的权威的一种挑战，因而并不总是受到上司或同事的欢迎。由此，员工通常会在做主动行为的决定之前对其周围的人际交往环境以及进行此行为的风险进行衡量或评估。通常，员工会运用各种线索来对自己的主动行为是否值得加以判断，其中最为重要的考虑因素便是是否会对自己将来的职业发展前景带来负面影响。当然，员工最后的行为选择也会直接受到这类评估结果的影响。针对这种行为的特点，员工对领导谦逊行为真实性的感知会在员工对这些风险的感知和判断中产生显著的影响，结果就是对谦逊型领导的有效性产生一定的调节作用。

　　具体而言，当领导表现出谦逊行为时，若员工感知到领导的谦逊行为是真实的时，员工就会信任领导，来自于领导的关心与支持，会减少员工的工作不安全感，增加其对工作的控制感。因此在评估主动行为的风险时，这部分员工会低估主动行为带来的风险，会因为自己对组织的信任，而更加关注组织的利益，忽视个人利益。因此，当员工感知到领导的谦逊行为是真实的时，谦逊型领导对员工的角色宽度自我效能、对组织的情感承诺以及积极情绪能够起到显著提升的作用，从而增加员工主动行为。相对而言，当员工感知到领导的谦逊行为是不真实的时，由于他们对领导的不信任以及对工作的不安全感，从而高估主动行为带来的个人风险。这种评估结果使得他们更加关注周围的人际环境，尤其是领导展现出的谦逊行为，从而，领导谦逊行为产生的激励效应会相应变弱。据此，提出假设11、假设12和假设13：

　　假设11：谦逊型领导通过角色宽度自我效能正向影响员工主动行为的间接效应受到真实性感知的调节。当员工感知到的真实性越多时，角色宽度自我效能的中介作用就越强。

　　假设12：谦逊型领导通过情感承诺正向影响员工主动行为的间接效应受到真实性感知的调节。当员工感知到的真实性越多时，情感承诺的中介作用就越强。

　　假设13：谦逊型领导通过积极情绪正向影响员工主动行为的间接效应受到真实性感知的调节。当员工感知到的真实性越多时，积极情绪的中介作用就越强。

第四节　模型结构

本书根据依恋理论与主动动机模型，在中国文化背景下谦逊型领导内涵和结构基础上，首先探讨谦逊型领导影响员工主动行为的内在作用机制，提出了7个假设。假设1：谦逊型领导正向影响员工主动行为；假设2：谦逊型领导正向影响角色宽度自我效能；假设3：谦逊型领导通过角色宽度自我效能正向影响员工主动行为；假设4：谦逊型领导正向影响情感承诺；假设5：谦逊型领导通过情感承诺正向影响员工主动行为；假设6：谦逊型领导正向影响积极情绪；假设7：谦逊型领导通过积极情绪正向影响员工主动行为。

构建第一阶段被调节的中介模型，探索谦逊型领导影响员工主动行为的边界条件，提出6个假设。假设8：领导谦逊行为真实性感知在谦逊型领导与角色宽度自我效能之间的调节作用；假设9：领导谦逊行为真实性感知在谦逊型领导与情感承诺之间的调节作用；假设10：领导谦逊行为真实性感知在谦逊型领导与积极情绪之间的调节作用；假设11：领导谦逊行为真实性感知对角色宽度自我效能在谦逊型领导与员工主动行为之间中介作用的调节作用；假设12：领导谦逊行为真实性感知对情感承诺在谦逊型领导与员工主动行为之间中介作用的调节作用；假设13：领导谦逊行为真实性感知对积极情绪在谦逊型领导与员工主动行为之间中介作用的调节作用。综合以上所有假设，本书构建了谦逊型领导影响员工主动行为的研究模型，模型结构如图4-1所示。

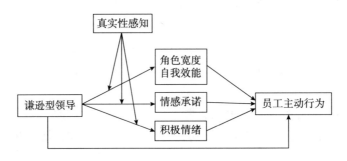

图 4-1　谦逊型领导影响员工主动行为的研究模型

图4-1模型显示了谦逊型领导影响员工主动行为的具体过程，一方面，谦

逊型领导不仅能够直接影响员工的主动行为，而且可以通过角色宽度自我效能、情感承诺以及积极情绪这三个动机路径影响员工的主动行为。另一方面，角色宽度自我效能、情感承诺以及积极情绪影响员工的主动行为的过程中，会受到真实性感知的调节，并且，真实性感知还会调节角色宽度自我效能、情感承诺以及积极情绪在谦逊型领导与员工主动行为之间的中介作用。

第五节　研究设计

一、总体思路

对于组织与管理研究来说，实证是目前最为主流的研究方法。根据实证主义的观点，现实世界是客观存在的，这种客观存在使研究者可以对研究对象进行科学的测量，进而对变量间的因果关系进行解释和预测。然而，实证研究数据的主观性也是研究者需要考虑的问题，为了有效控制研究过程中出现的问题，在研究开始前，研究者需要先行构建一个科学的研究设计，对研究中变量间的因果关系进行清晰和准确的解释。因此，研究者在研究设计时需要实现两个目标：一是控制差异，二是确保效度。根据实证主义思想以及研究设计目标的要求，通过实验和问卷调查的方法，对本章节提出的假设进行交叉验证，从而使研究设计精细且有关联性，有效控制三类差异，确保内部和外部效度上达到高质量的均衡，最终获得稳健的研究结果。

本章节的主要目的是揭示谦逊型领导对员工主动行为的影响，并检验角色宽度自我效能、情感承诺及积极情绪在谦逊型领导与员工主动行为之间的中介作用，领导谦逊行为真实性感知在谦逊型领导、角色宽度自我效能、情感承诺、积极情绪及员工主动行为之间的调节作用。为了更好地揭示谦逊型领导与员工主动行为之间的因果关系，首先采用实验法对研究理论框架中的作用机制进行了检测，即谦逊型领导对员工主动行为影响的直接作用及角色宽度自我效能、情感承诺、积极情绪在谦逊型领导与员工主动行为之间的中介作用。科学研究的核心问题在于判断变量间的因果关系，实验研究通过对实验过程和因素的有效控制，改变目标自变量的变异，可以准确判断自变量与因变量之间的因果关系，具有很高的内部效度。本书通过对研究中所涉及的核心变量的整理和分析，根据随机分配的原则，采用了情景模拟的实验设计。情景模拟实验法可以有效地减少共同方法偏差，降低社会赞许性，并且可以有效地改善由于时间的推移对被试产生的理性化和记忆偏差的问题。

然而，虽然实验研究有较高的内部效度，但由于在特殊的实验环境和条件下，被试和实验过程都处于一个"非自然态"，被试的回答有可能与现实情境中的实际行为存在不一致的现象，因此，它的外部效度会比较低。为了确保研究结果的外部效度，接下来采用问卷调查法对研究理论框架中的中介假设进行了交叉检验，同时对研究理论框架中的边界条件也进行了检验。在实证研究中，研究者最为普遍采用的方法就是问卷调查法，它具有其他研究方法不可比拟的优势，首先，在实施得当的基础上，问卷调查可以最为快速有效地收集数据。其次，在样本数据量大且量表的信度和效度高时，问卷调查往往可以收集到高质量的研究数据。再次，问卷调查具有对于被调查者来说干扰性较小的优点，因此经常可以较容易地被调查单位及其员工所接受和支持。最后，对于实地研究来说，问卷调查无疑是其中最为经济的数据收集方法。本书的研究对象是组织中的员工，对于员工作为研究对象来说，问卷调查法的采用可以有效地保证研究的外部效度。另外，为了更好地防止共同方法偏差问题的产生，本书在数据收集的过程中采取了上司—下属配对收集的方法。

二、实验设计

（一）被试与实验流程

本书采用实验研究的方法验证谦逊型领导对员工主动行为影响的作用机制。通过情景模拟的方式对自变量（谦逊型领导）进行控制，采用让被试填答问卷的方式，获取角色宽度自我效能、情感承诺和积极情绪三个中介变量以及因变量（员工主动行为）的数据。自变量谦逊型领导情境的操作化控制，主要根据 Rego 等（2017）关于领导谦逊行为的控制实验改编而成，实验组为谦逊型领导，控制组为交易型领导。选择交易型领导作为控制组的原因是，首先交易型领导在谦逊方面比较中立，而操控非谦逊型领导可能会引入其他意想不到的领导行为，比如增加对自恋型领导的感知，这与预想的低谦逊领导行为的结果截然不同；其次本书在正式测试前，分别对两种控制组（交易型领导和低谦逊型领导）的描述进行了访谈和预测试，访谈和预测试的结果均表示，交易型领导的表述比低谦逊型领导的表述能够更好地表现出与高谦逊型领导对应的一面。

本书的实验被试来自于哈尔滨工业大学的 MBA 学生。MBA 学生在实际的工作经验方面比一般人要丰富，并且他们在实验中对于研究问题及情境的感知和判断更能接近于现实，在面对是否做出主动行为情境时所做的选择与现实情形的符合度也会较高。实验于 2017 年 10 月展开，实验分别在两个不同的班级进行，总共有 110 人参加了实验，103 人的数据被认为是有效数据（参与者填答的完整性以及情境问题设置上的选择情况作为问卷是否有效的判断和筛选依据），问卷的有效回收率为 93.63%。在性别方面，参与者中女性居多，占 60.20%；在年龄方面，参与者的平均年龄为 29.53 岁，标准差为 3.58。

本书的模拟实验在 MBA 课堂上进行，以课堂学分和讨论的形式邀请 MBA 学生参加实验。实验采取组间设计，随机将其分到两种领导情境中。随机分组的结果显示，在性别上，实验组共 59 人，其中，男性 26 人，占 44.0%，女性 33 人，占 56.0%，控制组共 51 人，其中，男性 22 人，占 43.2%，女性 29 人，占 56.8%；在年龄上，实验组的平均年龄为 29.56 岁，标准差为 2.91，控制组的平均年龄为 29.43 岁，标准差为 4.16。为了检测谦逊型领导的控制和操作是否成功，本书在实验中进行了情境问题设置，询问被试在模拟情境中对领导谦逊行为感知的程度（1 表示"非常不符合"，5 表示"非常符合"）。具体来说，研究会按照如表 4-1 所示的步骤进行。

表 4-1　谦逊型领导的情境模拟实验设计

组别	A：谦逊型领导小组	B：交易型领导小组
第一步：分组并发放问卷	将 110 名 MBA 学生随机分成 A、B 两组，发放 A、B 两组不同问卷	
第二步：实验说明	1. 在填答问卷前，对被试进行模拟情境描述： 你目前在一家通信设备公司工作。该公司主要从事的业务有移动通信产品的研发、生产和销售等。该公司在过去十年里一直在稳步增长，市场份额也在不断增加。你在该公司工作五年多，现在你是客服部的客服主管，主要负责的工作是处理客户订单以及维护客户关系 2. 对相应领导方式进行解释 3. 要求被试根据问卷上的描述填答问卷	

续表

组别	A：谦逊型领导小组	B：交易型领导小组
第三步：谦逊型领导操控	客服王经理是你的直接上司。当你在他身边时，你很快就会发现他是一个平易近人的上司。他了解自己的优缺点，为了提升自己的优点，减少自己的缺点，他愿意向其他人学习，并听取下属的意见和建议。如果有什么事情不知道怎么做，他会承认。当下属拥有比他更多的知识和能力时，他会毫不犹豫地承认。同样，他也对下属的优点和贡献表示赞赏，并经常称赞他们的优点	客服王经理是你的直接上司。当你在他身边时，你知道当你完成分配任务时，你会得到奖励，而当你无法达到工作期望时，你会受到惩罚。当下属成功地完成了他们的任务时，他总是会很好地承诺回报。他会让下属知道他们的工作什么时候不符合绩效标准。当工作出现小问题时，他不会做任何让步，会让下属自己去解决。但下属知道一旦问题变得严重，他会马上介入并采取必要的纠正措施
第四步：填答问卷	教师将带有编号的问卷发放下去，问卷的内容包含了被试的基本信息和自我耗损问卷	
第五步：回收问卷并评述	问卷按组回收后，对被试填答的信息进行对比，研究者给出两种不同领导行为的影响效应的差异，并组织大家进行讨论，形成观点和意见	

在实验正式实施之前，为了考察实验情境是否接近现实，本书针对上述情境材料进行了预测。被试为牡丹江师范学院的 45 名大四学生。预测中，被试通过 Likert 5 点计量表（1 代表"非常不同意"，5 代表"非常同意"）对符合自己的情境和题项进行选择。预测的结果显示，对于"我可以很容易地想象自己是上述情境中的一员"这一描述，91.12% 的被试选择了"非常符合"或"符合"，这为实验设计的现实性提供了证据。

（二）量表信度

本书把克朗巴哈系数（Cronbach's α）作为衡量测量变量指标内部一致性的依据。从统计上来看，当测量变量指标的内部一致性系数大于 0.70 时，说明数据具有较高的内部一致性。因此，本书根据这一标准，在变量的内部一致性系数值大于 0.70 时，认为量表信度通过检验，具有可靠性。员工主动行为、角色宽度自我效能、情感承诺以及积极情绪是实验研究中要测量的研究变量。

角色宽度自我效能的量表信度如表 4-2 所示。从表 4-2 中可以看出，角色宽度自我效能的信度系数为 0.92。从删除题项后的克朗巴哈系数指标来看，原量表的克朗巴哈系数在删除其中一个指标后，并没有明显地增加，这说明本书采用的角色宽度自我效能量表的一致性较高，信度较好。

表 4-2　角色宽度自我效能的量表信度

编号	测量指标	剔除后的克朗巴哈系数
角色宽度自我效能 Cronbach's α = 0.92		
Q1.1	我有信心在组会上向同事们介绍相关信息	0.90
Q1.2	我有信心能够设定工作领域的各种目标	0.89
Q1.3	我有信心能够设计出工作区域内的新程序	0.89
Q1.4	我有信心与公司外部人员联络商讨问题	0.90
Q1.5	我有信心分析和解决工作难题	0.90
Q1.6	我有信心就如何改善部门工作向高级管理层提出建议	0.91
Q1.7	我有信心拜访其他部门，并提出自己不同的意见	0.91

积极情绪的量表信度如表 4-3 所示。从表 4-3 中可以看出，积极情绪的信度系数为 0.96。从删除题项后的克朗巴哈系数指标来看，原量表的克朗巴哈系数在删除其中一个指标后，并没有明显地增加，这说明本书采用的积极情绪量表的一致性较高，信度较好。

表 4-3　积极情绪的量表信度

编号	测量指标	剔除后的克朗巴哈系数
积极情绪 Cronbach's α = 0.96		
Q2.1	活跃	0.96
Q2.2	兴奋	0.93
Q2.3	感激	0.93
Q2.4	快乐	0.93
Q2.5	欣喜	0.91
Q2.6	自豪	0.93
Q2.7	兴高采烈	0.95
Q2.8	充满热情	0.91
Q2.9	精力充沛	0.95

情感承诺和员工主动行为的量表信度如表 4-4 所示。从表 4-4 中我们可以看到，情感承诺的信度系数为 0.83，员工主动行为的信度系数为 0.80。从删除题项后的克朗巴哈系数指标来看，原量表的克朗巴哈系数在删除其中一个指标后，并没有明显地增加，这说明本书采用的情感承诺和员工主动行为量表的一致性较高，信度较好。

表 4-4　情感承诺与员工主动行为的量表信度

编号	测量指标	剔除后的克朗巴哈系数
情感承诺 Cronbach's α = 0.83		
Q3.1	我把单位的事情当作我自己的事情来处理了	0.78
Q3.2	我非常乐意今后一直在我目前所在的单位工作	0.77
Q3.3	我对所在的单位有很深的个人感情	0.77
Q3.4	我在单位有种"大家庭里一分子"的感觉	0.76
Q3.5	从感情上而言，我很喜欢这家单位	0.94
Q3.6	我对这家单位有很强的归属感	0.76
员工主动行为 Cronbach's α = 0.80		
Q4.1	我会开创出更好的办法去完成自己的重要工作	0.59
Q4.2	我会尝试提出完成重要工作任务的改进方法	0.68
Q4.3	为了完成重要工作，我会尝试改变工作方式	0.65

三、问卷调查设计

(一) 数据样本的选择与收集程序

为了提高问卷调查的科学性，最大程度地确保测量的准确性，本书根据样本选择与抽样的目标制定了如下数据收集方案。首先，对数据收集的方式、调查对象以及调查时间进行详细的计划。其次，对问卷内容进行整理。通过文献梳理选择出适合本书的成熟测量量表。由于本书涉及的研究变量的测量题项，除了谦逊型领导，其他变量题项的原文都是用英文开发的，因此，本书根据 Brislin（1980）的回译法确定量表的中文版。首先，笔者在英语系教师的帮助下将原始量表翻译成中文。其次，由两名英语比较好的博士研究生将中文量表翻译成英文。再次，对英文量表和中文量表进行比对，找出差异，修改量表中存在的翻译问题形成初始问卷。又次，为了避免正式调研中出现不必要的风险，问卷没有正式发放之前，研究者对最初形成的问卷进行了小规模的测试，确保问卷的结构和设置合理、排版美观、问题界定清晰以及语言描述在中国情境中的适用性。在预测结果基础上，研究者对初始问卷中部分题项的语言表述进行了相应的调整，对问卷的结构也进行了重新安排。最后，调查问卷正式发放。

本书的问卷调查数据来自于东北地区的企业员工样本。企业类型包括制造业、金融业、服务业等。数据收集工作开始于 2017 年 6 月。为了避免共同方法偏差问题的发生，在数据收集过程中，本书采用了上司—下属配对的方式进行，具体实施内容为员工评价领导的谦逊行为、自己的角色宽度自我效能、情感承诺以及积极情绪；上司评价员工的主动行为。为了确保问卷的回收率及有效性，本书在数据采集单位人力资源部门工作人员的协助下，对员工填答的问卷进行了现场回收。在员工填答问卷前，笔者对此次问卷收集的目的以及保密性进行了说明，力争获得更准确的数据。本书在 2017 年 8 月完成了问卷的回收工作，通过两次的问卷回收，共获得了 355 份员工评的问卷、60 份上司评的问卷。

为了保证问卷数据的质量，在数据分析之前本书对无效问卷进行了排查和删除工作。排除的原则包括：①测量题项的填答是否有大量空白或高度重复；②人口统计学变量是否缺失。在无效问卷被剔除后，本书共获得 290 份有效问卷，问卷有效率达到 81.69%，样本数据的基本信息如表 4-5 所示。

表 4-5　问卷调查样本数据基本信息

		人数（人）	百分比（%）
性别	男	177	61.0
	女	113	39.0
年龄	30 岁及以下	64	22.0
	31~40 岁	99	34.1
	41 岁及以上	127	43.9
婚姻状况	未婚	35	12.1
	已婚	255	87.9

		人数（人）	百分比（%）
学历	大专及以下	52	17.9
	本科	227	78.3
	硕士及以上	11	3.8
在本单位工作年限	5 年及以下	62	21.3
	6~10 年	69	24.1
	10 年以上	159	54.6

表 4-5 描述了样本的分布情况，其中男性样本占 61.0%，数量多于女性样本；被调查者的年龄分别情况为，31~40 岁的人数为 99 人，占 34.1%，有 22.0% 的被调查者年龄在 30 岁及以下，其余的 43.9% 的被调查者年龄在 41 岁及以上；在被调查者的婚姻状况方面，绝大多数的被调查者为已婚（87.9%），只有 12.1% 的被调查者是未婚；在学历方面，具有本科学历的被调查对象占 78.3%，17.9% 的被调查者具有大专及以下的学历，仅有 3.8% 的被调查者具有硕士及以上的学历；从被调查者的工龄上来看，50% 以上的被调查者在本单位的工作年限达到了 10 年以上（54.6%），有 24.1% 的被调查者在本单位的工作年限为 6~10 年，其余 21.3% 的被调查者在本单位的工作年限为 5 年及以下。样本的分布情况说明，本书的样本数据男性数量偏多，年龄在 31~40 岁的人偏多，被试的年龄比较大。

（二）量表的信度和效度

在问卷调查中，本书对各测量变量指标的内部一致性、可靠性和稳定性的测量同样采用克朗巴哈系数。问卷调查研究中需要测量的研究变量主要有 7 个（包括一个控制变量主动性人格），具体的变量包括谦逊型领导、角色宽度自我效能、情感承诺、积极情绪、员工主动行为、真实性感知以及主动性人格。

谦逊型领导量表信度如表 4-6 所示。从表 4-6 中可以看出，谦逊型领导的信度系数为 0.95。剔除某一测量题项后，量表的克朗巴哈系数并没有提高，因此无须对量表的题项进行剔除。这说明本书采用的谦逊型领导的测量量表一致性较高，信度良好。

表 4-6 谦逊型领导量表的信度系数

编号	测量指标	剔除后的克朗巴哈系数
谦逊型领导 Cronbach's α=0.95		
Q1.1	我的上司与下属平等相处，没有架子	0.94
Q1.2	我的上司充满亲和力，与他相处感到很放松	0.94
Q1.3	我的上司尊重下属	0.91
Q1.4	下属犯错误时，他/她能理解和体谅下属	0.93
Q1.5	我的上司能发现下属闪光点	0.93
Q1.6	我的上司会赞美下属长处	0.94
Q1.7	我的上司认可下属能力	0.94
Q1.8	我的上司能正视自己的责任，不推脱	0.92
Q1.9	我的上司能认识到自身的优缺点	0.92
Q1.10	我的上司能了解自己的不足并善于学习	0.93
Q1.11	我的上司能正视自己的局限和过错，并改正	0.92
Q1.12	我的上司虚心向他人学习	0.92
Q1.13	我的上司乐于倾听下属对工作的看法	0.93
Q1.14	我的上司能采纳下属的合理建议	0.93

角色宽度自我效能和情感承诺的量表信度如表 4-7 所示。从表 4-7 中可以看出，角色宽度自我效能的信度系数为 0.95，情感承诺的信度系数为 0.90。从剔除题项后的克朗巴哈系数这个指标来看，原量表的克朗巴哈系数在剔除其中一个指标后，并没有明显增加。这说明本书采用的角色宽度自我效能和情感承诺的量表一致性较高，信度较好。

表 4-7 角色宽度自我效能与情感承诺量表的信度系数

编号	测量指标	剔除后的克朗巴哈系数
角色宽度自我效能 Cronbach's α=0.95		
Q2.1	我有信心在组会上向同事们介绍相关信息	0.94
Q2.2	我有信心能够设定工作领域的各种目标	0.95
Q2.3	我有信心能够设计出工作区域内的新程序	0.93
Q2.4	我有信心与公司外部人员联络商讨问题	0.94
Q2.5	我有信心分析和解决工作难题	0.94

编号	测量指标	剔除后的克朗巴哈系数
Q2.6	我有信心就如何改善部门工作向高级管理层提出建议	0.93
Q2.7	我有信心拜访其他部门，并提出自己不同的意见	0.94
情感承诺 Cronbach's α = 0.90		
Q3.1	我把单位的事情当作我自己的事情来处理了	0.90
Q3.2	我非常乐意今后一直在我目前所在的单位工作	0.89
Q3.3	我对所在的单位有很深的个人感情	0.87
Q3.4	我在单位有种"大家庭里一分子"的感觉	0.88
Q3.5	从感情上而言，我很喜欢这家单位	0.87
Q3.6	我对这家单位有很强的归属感	0.86

积极情绪量表信度如表4-8所示。从表4-8中可以看出，积极情绪的信度系数为0.91。从剔除题项后的克朗巴哈系数指标来看，原量表的系数在剔除其中一个指标后并没有增加，说明本书采用的积极情绪量表一致性较高，信度较好。

表4-8 积极情绪量表的信度系数

编号	测量指标	剔除后的克朗巴哈系数
积极情绪 Cronbach's α = 0.91		
Q4.1	活跃	0.90
Q4.2	兴奋	0.91
Q4.3	感激	0.90
Q4.4	快乐	0.90
Q4.5	欣喜	0.90
Q4.6	自豪	0.90
Q4.7	兴高采烈	0.90
Q4.8	充满热情	0.89
Q4.9	精力充沛	0.90

主动性人格量表的信度如表4-9所示。从表4-9中可以看出，主动性人格的信度系数为0.85。从剔除题项后的克朗巴哈系数这个指标来看，原量表的系数在剔除其中一个指标后，并没有明显地增加，说明量表一致性较高，信

度较好。

表 4-9　主动性人格量表的信度系数

编号	测量指标	剔除后的克朗巴哈系数
主动性人格 Cronbach's α = 0.85		
Q5.1	我一直在寻找新方法来改善自己的生活	0.83
Q5.2	我在哪里都是有力地推动建设性的改变的人	0.82
Q5.3	对我来说最令人兴奋的事情是看到我的想法实现了	0.84
Q5.4	我会尝试解决我不喜欢的事情	0.83
Q5.5	即使遭到别人反对，我也愿意坚持自己的观点	0.84
Q5.6	善于发现机会是我的优点	0.83
Q5.7	我总是在寻找更好的做事方法	0.83
Q5.8	我能比其他人更早地发现好机会	0.83
Q5.9	不论成功机会有多大，只要相信一件事，我就会将它变为现实	0.82
Q5.10	如果我相信某个想法，那就没有任何困难能够阻止我去实现它	0.82

真实性感知和员工主动行为的量表信度如表 4-10 所示。从表 4-10 中可以看出，真实性感知的信度系数为 0.87，员工主动行为的信度系数为 0.74。从剔除题项后的克朗巴哈系数这个指标来看，原量表的系数在剔除其中一个指标后，并没有明显增加，说明真实性感知和员工主动行为的量表具有较高的一致性，信度较好。

表 4-10　真实性感知和员工主动行为量表的信度系数

编号	测量指标	剔除后的克朗巴哈系数
真实性感知 Cronbach's α = 0.87		
Q6.1	上司展现的谦逊行为和他的真实自我匹配	0.87
Q6.2	我对上司展现的谦逊行为的感知和他的真实自我是一致的	0.78
Q6.3	上司展现的谦逊行为和我感知到他的真实自我是匹配的	0.79
员工主动行为 Cronbach's α = 0.74		
Q7.1	我会开创出更好的办法去完成自己的重要工作	0.60
Q7.2	我会尝试提出完成重要工作任务的改进方法	0.59
Q7.3	为了完成自己的重要工作，我会尝试改变工作方式	0.74

本书构建了 SEM 测量模型，其中包括 6 个潜变量和 42 个观察变量，通过 AMOS 20.0 软件，采用χ^2/df、CFI、TLI 和 RMSEA 4 个拟合指数作为评价模型与数据拟合程度的指标，通过回归分析和因子分析检验了测量中各变量的聚合效度和区分效度。检验的结果表明，本书测量模型的数据拟合程度较好（$\chi^2/df = 2.05$，CFI = 0.92，TLI = 0.91，RMSEA = 0.06），符合 Hu 和 Bentler（1999）建议的标准（$\chi^2/df < 5$，CFI > 0.90，TLI > 0.90，RMSEA < 0.08），满足了模型数据拟合度的要求。本书还对潜变量进行了回归分析，研究中各指标对潜变量的标准化回归系数如表 4-11 所示。

表 4-11　测量模型中研究变量的聚合效度检验

题项	潜变量	标准化回归系数	（CR）	（AVE）
Q1.1	谦逊型领导	0.73	0.92	0.45
Q1.2	谦逊型领导	0.78		
Q1.3	谦逊型领导	0.88		
Q1.4	谦逊型领导	0.82		
Q1.5	谦逊型领导	0.82		
Q1.6	谦逊型领导	0.77		
Q1.7	谦逊型领导	0.77		
Q1.8	谦逊型领导	0.84		
Q1.9	谦逊型领导	0.84		
Q1.10	谦逊型领导	0.81		
Q1.11	谦逊型领导	0.86		
Q1.12	谦逊型领导	0.88		
Q1.13	谦逊型领导	0.81		
Q1.14	谦逊型领导	0.83		
Q2.1	角色宽度自我效能	0.86	0.88	0.52
Q2.2	角色宽度自我效能	0.73		
Q2.3	角色宽度自我效能	0.91		
Q2.4	角色宽度自我效能	0.87		
Q2.5	角色宽度自我效能	0.85		

续表

题项	潜变量	标准化回归系数	（CR）	（AVE）
Q2.6	角色宽度自我效能	0.86		
Q2.7	角色宽度自我效能	0.82		
Q3.1	情感承诺	0.59	0.87	0.53
Q3.2	情感承诺	0.71		
Q3.3	情感承诺	0.80		
Q3.4	情感承诺	0.80		
Q3.5	情感承诺	0.85		
Q3.6	情感承诺	0.88		
Q4.1	积极情绪	0.66	0.90	0.51
Q4.2	积极情绪	0.67		
Q4.3	积极情绪	0.69		
Q4.4	积极情绪	0.79		
Q4.5	积极情绪	0.79		
Q4.6	积极情绪	0.75		
Q4.7	积极情绪	0.76		
Q4.8	积极情绪	0.81		
Q4.9	积极情绪	0.71		
Q5.1	员工主动行为	0.72	0.77	0.53
Q5.2	员工主动行为	0.80		
Q5.3	员工主动行为	0.59		
Q6.1	真实性感知	0.75	0.74	0.50
Q6.2	真实性感知	0.88		
Q6.3	真实性感知	0.88		

　　通过表 4-11 我们可以看出，本书采用的研究变量具有较好的聚合效度，标准化回归系数均处在 0.5~1，且绝大多数的标准化回归系数均在 0.70 以上。此外，本书还对各变量的组合信度（CR）和平均方差提取值（AVE）进行了计算。计算结果显示，变量的 CR 均大于 0.70，AVE 均大于 0.50（除了谦逊

型领导的 AVE 等于 0.45，大于 0.40，略低于 0.50）。数据分结果均满足要求，量表的聚合效度良好。

关于谦逊型领导量表的区分效度的检测，本章节主要根据 Fornell 和 Larcker（1981）提出的检验准则，也就是通过平均方差提取值（AVE）的平方根与该变量相关的所有变量之间的相关系数的比值来判断量表的区分效度。本书通过验证性因子分析得出量表各个维度之间的相关性系数以及每个维度的 AVE 值，分析的结果显示，平均方差提取值（AVE）的平方根大于与该变量相关的所有变量之间的相关系数，因此，本书中谦逊性领导量表具有良好的区分效度。

第五章 谦逊型领导对员工主动行为
影响的机制

第一节 谦逊型领导对员工主动行为
影响的中介作用研究框架

本节主要对谦逊型领导影响员工主动行为的主效应和中介效应进行检验。中介变量分别包括角色宽度自我效能、情感承诺和积极情绪。为了确保研究结果在内部效度和外部效度上达到高质量的均衡，本书采用了实验法和问卷调查法交叉验证的方法对研究假设进行实证检验，包括假设1、假设2、假设3、假设4、假设5、假设6和假设7的检验，其研究框架如图5-1所示。

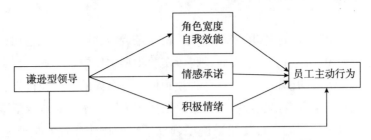

图5-1 谦逊型领导对员工主动行为影响的中介作用研究框架

本章节采用多元层次回归模型对假设进行检验。多元层次回归分析法能够同时分析多个自变量对因变量的影响。基于足够多的观测数据，多元层次回归能够逐步将自变量放入回归的方程中，并逐步分析多个自变量对因变量的预测程度。一个简单的逐步回归如式（5-1）所示。

$$\begin{cases} y = \beta_{10} + \beta_{11}\,x_1 + \varepsilon_1 \\ y = \beta_{20} + \beta_{21}\,x_1 + \beta_{22}\,x_2 + \beta_{23}x_3 + \cdots + \varepsilon_2 \end{cases} \quad (5\text{-}1)$$

在式（5-1）中，y 是因变量，x_1、x_2 和 x_3 是能够预测因变量的自变量。在验证假设的过程中，x_1 一般代表控制变量，也就是并非研究需要关注的自变量，但是需要排除其对因变量的影响。x_2 和 x_3 一般代表研究需要关注的自变量。在估计相关参数时，一般采用的是最小二乘法，也就是能够最小化估计值和实际观察值之间差异平方和的一组参数值。以本书为例，本书中需要探索角色宽度自我效能、情感承诺或积极情绪对员工主动行为的影响。所以员工主动行为就是式（5-1）中的 y，角色宽度自我效能、情感承诺或积极情绪可以用式（5-1）中的 x_2 和 x_3 来代表。除此之外，在以往主动行为前因变量的研究中通常会将人口统计学变量和主动性人格作为控制变量。所以式（5-1）中的 x_1 代表这些控制变量。

第二节　谦逊型领导对员工主动行为影响的实验研究

一、模拟情境操作检验

本小节主要通过模拟实验获取的数据检验谦逊型领导对员工主动行为影响的直接作用和中介作用。模拟实验是科学实验类型中比较基本的一种类型，是指通过对相关情境的模拟，探究在此种模拟情境下个体的心理和行为反应以及根据此类观察结果和数据进行验证和推论的研究方法。本书对自变量谦逊型领导进行了模拟实验控制。自变量谦逊型领导情境的操作化控制主要根据 Rego 等（2017）关于谦逊型领导的控制实验改编而成，实验组为谦逊型领导，控制组为交易型领导。样本特征详见第四章的实验设计部分。本书主要采用多元层次回归法对 7 个假设进行检验。

在对实验数据进行分析之前，本书首先对数据进行操作检验，操作检验的目的是为了检查实验操作是否有效改变了研究者希望操作的变量。研究者的操作如果改变了希望操作的变量，实验控制有效，研究者可以对实验数据进行进一步的分析。如果操作没有改变所希望操作的变量，实验控制失败，进一步的实验数据分析和检验无须进行。

　　为了验证实验控制对自变量的操控是否有效，本书首先对自变量（谦逊型领导）的操控是否成功进行了检验。t 检验的结果显示，谦逊型领导的条件下，被试对谦逊型领导感知的水平显著高于其对交易型领导感知的水平［$M_{谦逊型领导}$ =4.62，$M_{交易型领导}$ =1.27，t（101）= 32.15，p< 0.001］。分析结果表明，被试感知到的谦逊型领导水平与其所接受的实验处理的方向是一致的，本书对于自变量谦逊型领导的操作与预期设想是相符的，实验控制有效。接下来，本书可以对实验数据进行层次回归分析。

　　在层次回归开始之前，本书首先对实验数据进行了描述性统计分析。由于被试具有不同的背景信息，可能会对回归分析的结果产生一定的影响，因此，本书将人口统计学特征作为控制变量加入回归方程。通过查找以往实验研究中可能对本书产生影响的人口统计学变量，并根据本书被试的特征，本书选择将性别和年龄作为控制变量。表 5-1 为实验数据的描述性统计分析结果。

表 5-1　实验数据研究变量的描述性统计分析结果

	1	2	3	4	5	6	7
性别	1						
年龄	-0.20*						
谦逊型领导	-0.14	0.02					
角色宽度自我效能	-0.10	-0.06	0.68**				
情感承诺	-0.14	0.01	0.74**	0.67**			
积极情绪	-0.07	-0.06	0.81**	0.75**	0.74**		
员工主动行为	0.01	0.05	0.68**	0.56**	0.57**	0.71**	
均值	0.60	29.53	2.88	3.42	3.28	2.97	3.73
标准差	0.49	3.58	1.68	0.91	1.21	1.04	1.05

　　注：N=103；* 表示 p<0.05，** 表示 p<0.01，*** 表示 p<0.001；性别（"0"代表男性，"1"代表女性）。

　　通过表 5-1 中的分析结果可以看到，人口统计学变量性别和年龄与本书的主要研究变量均不相关。本书的主要研究变量之间均存在相关关系，具体来说，谦逊型领导与员工主动行为显著正相关（r=0.68，p<0.01）；谦逊型领导

与角色宽度自我效能之间显著正相关（$r=0.68$，$p<0.01$），角色宽度自我效能与员工主动行为之间显著正相关（$r=0.56$，$p<0.01$）；谦逊型领导与情感承诺之间显著正相关（$r=0.74$，$p<0.01$），情感承诺与员工主动行为之间显著正相关（$r=0.57$，$p<0.01$）；谦逊型领导与积极情绪之间显著正相关（$r=0.81$，$p<0.01$），积极情绪与员工主动行为之间显著正相关（$r=0.71$，$p<0.01$）。统计分析结果为研究假设的成立提供了初步的证明，接下来，本书采用多元层次回归模型对本书提出的研究假设进行检验。

二、谦逊型领导与员工主动行为的关系检验

假设 1 认为，谦逊型领导正向影响员工主动行为。因此，在采用多元层次回归模型构建回归方程时，本书将谦逊型领导作为自变量，员工主动行为作为因变量。为了检验假设 1，本书根据层次回归分析法的相关步骤构建方程，具体步骤包括：在模型 1 中将员工主动行为作为因变量，将性别和年龄这两个控制变量作为自变量；在模型 2 中，除了控制变量以外，本书又将谦逊型领导加入回归方程中。利用 IBM SPSS 21.0 软件，本书进行了多元层次回归分析，其回归分析的结果如表 5-2 所示。

表 5-2　谦逊型领导对员工主动行为的层次回归分析结果

	员工主动行为			
	模型 1		模型 2	
	B	SE	B	SE
截距	3.22	0.93	1.75	0.69
性别	0.04	0.22	0.25	0.16
年龄	0.02	0.03	0.02	0.02
谦逊型领导			0.44 ***	0.05
R^2	0.00		0.48 ***	
ΔR^2	0.00		0.48 ***	
F	0.16		30.33 ***	

注：$N=103$；* 表示 $p<0.05$，** 表示 $p<0.01$，*** 表示 $p<0.001$；参数为非标准化参数。

通过表 5-2 模型 2 中的结果可以看到，在对相关的人口统计学变量进行控

制后，谦逊型领导与员工主动行为之间的关系正向且显著（B = 0.44，SE = 0.05，p<0.001）。因此，假设 1 得到了数据支持，假设 1 成立。

三、角色宽度自我效能路径检验

本小节主要检验谦逊型领导通过角色宽度自我效能正向影响员工主动行为。在管理学研究中，检验中介变量的方式通常有两种：①层次回归分析法；②Bootstrap 检验。Baron 和 Kenny（1986）根据层次回归法，提出了检验中介作用的标准。具体来说，应该符合四条标准：首先，自变量和因变量之间关系显著；其次，自变量和中介变量关系显著；再次，加入中介变量后，自变量和因变量之间的关系变得不显著或显著性明显减弱；最后，利用 Sobel Z 检验构建的统计量是显著的。在以上四条标准满足的情况下即可认为中介作用是成立的。一个标准的验证中介的过程可以表示在式（5-2）中。

$$\begin{cases} DV = \beta_{10} + \beta_{11}IV + \varepsilon_1 \\ Me = \beta_{20} + \beta_{21}IV + \varepsilon_2 \\ DV = \beta_{30} + \beta_{31}IV + \beta_{32}Me + \varepsilon_3 \end{cases} \tag{5-2}$$

在式（5-2）中，因变量员工主动行为用 DV 代表；自变量谦逊型领导用 IV 代表；Me 代表中介变量，在本书中为角色宽度自我效能、情感承诺和积极情绪；在估计的参数中，中介变量检验最应该关注的是自变量对中介变量的回归系数 β_{21}，以及中介变量对因变量的回归系数 β_{32}，其中，中介作用的效应值用 β_{21} 和 β_{32} 的乘积表示。检验时的要求是 β_{11}、β_{21} 和 β_{32} 的效应值应均不为 0。

在本小节的实证分析中，自变量为谦逊型领导，中介变量为角色宽度自我效能，因变量为员工主动行为。本小节将采用 Baron 和 Kenny 的层次回归法对角色宽度自我效能的中介作用进行检验，即对假设 2 和假设 3 进行验证。假设 2 认为，谦逊型领导正向影响角色宽度自我效能，假设 3 认为，谦逊型领导通过角色宽度自我效能正向影响员工主动行为。

根据 Baron 和 Kenny 的方法，本书构建了 2 个回归方程来检验角色宽度自我效能在谦逊型领导和主动行为之间的中介效应，其回归方程步骤为：①在模型 1 中，分析谦逊型领导对角色宽度自我效能的影响；②在模型 2 中，分析加入了中介变量后，谦逊型领导对员工主动行为的影响。由于谦逊型领导对员工主动行为的直接作用在上一小节已被检验，因此本书并没有将其加入构建的回归方程中，此外，本书也将控制变量加入回归方程，回归结果如表5-3所示。

表5-3　角色宽度自我效能中介作用的层次回归分析结果

	角色宽度自我效能		员工主动行为	
	模型 1		模型 2	
	B	SE	B	SE
截距	2.93***	0.61	0.98	0.75
控制变量				
性别	−0.04	0.14	0.26	0.16
年龄	−0.02	0.02	0.02	0.02
自变量				
谦逊型领导	0.37***	0.04	0.34**	0.06
中介变量				
角色宽度自我效能			0.26*	0.11
R^2	0.46***		0.51*	
ΔR^2	0.45***		0.03*	
F	28.43***		25.16***	

注：$N=103$；＊表示 $p<0.05$，＊＊表示 $p<0.01$，＊＊＊表示 $p<0.001$；参数为非标准化参数。

Baron 和 Kenny 四步层次回归法的第一步得到验证，表5-2模型2的结果显示，谦逊型领导对员工主动行为具有显著的正向影响（$B=0.44$，$SE=0.05$，$p<0.001$）。该方法的第二步得到验证，表5-3模型1的结果显示，谦逊型领导正向并显著影响角色宽度自我效能（$B=0.37$，$SE=0.04$，$p<0.001$）。由表5-3模型2的结果可以看出，中介作用成立的第三步也满足标准，加入中介变量后，谦逊型领导对员工主动行为的影响减弱（$B=0.34$，$SE=0.06$，$p<0.01$）。以上分析结果初步支持了假设2和假设3。

四、情感承诺路径检验

本小节主要检验谦逊型领导是否通过情感承诺正向影响员工主动行为，即对假设4和假设5进行验证。这里仍采用与角色宽度自我效能路径相同的检验步骤，通过构建方程进行假设检验，表5-4为情感承诺中介作用的回归分析结果。

表 5-4 情感承诺的中介作用层次回归分析结果

	情感承诺		员工主动行为	
	模型 1		模型 2	
	B	SE	B	SE
截距	1.75*	0.69	1.52*	0.71
控制变量				
性别	0.25	0.15	0.26	0.16
年龄	0.02	0.02	0.02	0.02
自变量				
谦逊型领导	0.44***	0.05	0.37**	0.07
中介变量				
情感承诺			0.12	0.09
R^2	0.48***		0.49	
ΔR^2	0.48***		0.47	
F	30.33***		23.47***	

注：N=103；* 表示 p<0.05，** 表示 p<0.01，*** 表示 p<0.001；参数为非标准化参数。

Baron 和 Kenny 四步层次回归法的第一步得到验证，表 5-2 模型 2 的结果显示，谦逊型领导正向并显著影响员工主动行为（B = 0.44，SE = 0.05，p<0.001）。该方法的第二步得到验证，表 5-4 模型 1 的结果显示，谦逊型领导正向并显著影响情感承诺（B = 0.44，SE = 0.04，p<0.001）。由表 5-4 模型 2 的结果可以看出，中介作用成立的第三步也满足，加入中介变量后，谦逊型领导对员工主动行为的影响减弱（B = 0.37，SE = 0.07，p<0.01）。因此，假设 4 和假设 5 得到了初步支持。

五、积极情绪路径检验

本小节主要检验积极情绪是否在谦逊型领导与员工主动行为之间发挥中介作用，即对假设 6 和假设 7 进行验证。这里仍采用 Baron 和 Kenny 的四步层次回归法进行检验，表 5-5 为积极情绪中介作用的回归分析结果。

表5-5 积极情绪的中介作用层次回归分析结果

	积极情绪		员工主动行为	
	模型1		模型2	
	B	SE	B	SE
截距	1.99 ***	0.54	0.82	0.69
控制变量				
性别	0.07	0.13	0.22	0.15
年龄	−0.02	0.02	0.03	0.02
自变量				
谦逊型领导	0.52 ***	0.04	0.20 **	0.08
中介变量				
积极情绪			0.47 ***	0.12
R^2	0.67 ***		0.55 ***	
ΔR^2	0.66 ***		0.07 ***	
F	68.27 ***		29.78 ***	

注：N=103；＊表示 p<0.05，＊＊表示 p<0.01，＊＊＊表示 p<0.001；参数为非标准化参数。

四步层次回归法的第一步要求自变量影响因变量的回归系数显著，这一步的回归结果在上一小节中得到验证，表5-2模型2的结果显示，谦逊型领导正向并显著地影响员工主动行为（B=0.44，SE=0.05，p<0.001）。该方法的第二步要求也得到验证，表5-5模型1的结果显示，谦逊型领导正向并显著影响积极情绪（B=0.52，SE=0.04，p<0.001）。中介作用成立的第三步也满足，由表5-5模型2的结果可以看出，加入谦逊型领导后，积极情绪对员工主动行为影响为正向且显著（B=0.47，SE=0.12，p<0.001）；加入中介变量后，谦逊型领导对员工主动行为的影响明显减弱（B=0.20，SE=0.08，p<0.01）。以上三步的回归结果初步支持了假设6和假设7。

为了进一步检验三个动机路径的中介作用的显著性，接下来，本书对其进行 Sobel Z 检验。式（5-3）为具体内容。

$$\text{Sobel Z} = \frac{\alpha\beta}{\sqrt{\alpha^2 \, se_\beta^2 + \beta^2 \, se_\alpha^2 + se_\alpha^2 \, se_\beta^2}} \qquad (5\text{-}3)$$

为了计算 Z 统计量，需要知道自变量对中介变量的回归系数 α 以及中介变量对因变量的回归系数 β，还需要知道 α 和 β 的标准误。并且为了准确估计出 Z 统计量，需要 α 和 β 的乘积满足正态分布，然而在很多情况下 α 和 β 的乘积是偏态分布的。所以为了尽可能地克服这个问题，可以采用有放回的抽样方法，也就是 Bootstrap 法进行检验。该方法的基本原理是，采用有放回的抽样的方式，重复计算 α 和 β 的乘积。具体的操作步骤是：第一步，从原来的样本中有放回地抽取与原样本量相同的样本；第二步，利用这个新的样本重新计算 α 和 β 的乘积；第三步，重复执行前面两个步骤 1000 次、2000 次或 5000 次；第四步，对重复计算的 α 和 β 的乘积进行排序；第五步，按照选定的置信区间，找出 α 和 β 乘积的上限值和下限值；第六步，依据 α 和 β 乘积的上限值和下限值是否包含 0 对中介效应是否显著进行判断。

本书通过 Preacher 和 Hayes（2008）的 Bootstrap 的基本原理，对以上三个中介作用进行进一步的 Bootstrap 检验。采用 Bootstrap 重复抽样的方法构建了中介效应值的置信区间，通过 SPSS 软件对样本进行 5000 次 Bootstrap，置信区间（CI）设为 95%，表 5-6 为中介作用的 Bootstrap 检验结果。

表 5-6　谦逊型领导影响员工主动行为的间接效应的 **Bootstrap** 检验结果

中介作用	BC 95% CI			
	估计值	标准差	下限	上限
角色宽度自我效能	0.29	0.10	0.04	0.43
情感承诺	0.58	0.05	0.47	0.68
积极情绪	0.23	0.10	0.32	0.62

注：BC 95% CI 表示修正后的 95% 置信区间。

通过表 5-6 的检验结果可以看出，角色宽度自我效能在谦逊型领导与员工主动行为之间的中介效应值为 0.29（CI = [0.04，0.43]，不包含 0）。因此，谦逊型领导能够通过角色宽度自我效能正向影响员工主动行为，假设 2 和假设 3 得到了进一步验证，假设 2 和假设 3 成立。

通过表 5-6 的检验结果还可以看出，情感承诺在谦逊型领导与员工主动行为之间的中介效应值为 0.58（CI = [0.47，0.68]，不包含 0）。因此，谦逊型领导能够通过情感承诺正向影响员工主动行为，假设 4 和假设 5 得到了进一步验证，假设 4 和假设 5 成立。

通过表 5-6 的检验结果也可以看出，积极情绪在谦逊型领导与员工主动行为之间的中介效应值为 0.23（CI = [0.32，0.62]，不包含 0）。因此，谦逊型领导能够通过积极情绪正向影响员工主动行为，假设 6 和假设 7 得到了进一步验证，假设 6 和假设 7 成立。

第三节　谦逊型领导对员工主动行为
影响的问卷调查研究

一、样本数据独立性检验

本部分主要采用问卷调查的数据对研究假设进行实证检验。为了增加中介作用假设的外部效度，本小节会利用问卷调查的方法再次验证谦逊型领导对员工主动行为的直接影响及中介作用机制。由于本书的调查数据通过上司—下属配对的方式进行收集，可能会存在组内嵌套效应（Nested Effect Within Groups），具体来说，下属被嵌套在上司内部，因为上司为多个下属提供其主动行为的评价。为了解释样本数据的独立性，在进行数据分析之前，本书首先对问卷调查数据中上司对员工主动行为的评价进行独立性检验。

独立性检验是根据次数判断两类因子彼此相关或相互独立的假设检验，可以通过计算组内相关系数（Intra-class Correlation，ICC）来检验样本数据的独立性。ICC 所用概念与方差分析（Anylysis of Variance）类似，也就是说，当组内的方差均值比组间方差小时，组内的评分一致性就比较高。相反，如果组内组员的方差比组之间的方差还大，那就说明小组内的评分很难一致。根据 Bliese（2000）的检验方法，本书通过计算 ICC（1）对上司评价的员工主动行为进行独立性检验。本书通过抽样数据计算出来的 MSB（Mean Square Between）和 MSW（Mean Square Within）来计算 ICC（1）的数值。

根据 Bliese 对 ICC（1）数值的要求，即 ICC（1）的数值小于中位数值 0.12，就表明样本没有显著的组间方差。本书计算得出的 ICC（1）数值为 0.01，显著低于 ICC（1）的中位数值 0.12。这一计算结果表明，上司评价的员工主动行为之间没有显著的组间方差，样本数据具有独立性，不需要进行跨层次分析。因此，本书采用了多元层次回归模型来检验谦逊型领导对员工主动行为影响的直接作用和中介作用。

在对数据进行回归分析之前，本书对相关研究变量进行描述性统计分析。由于被试具有不同的背景信息，可能会对回归分析的结果产生一定的影响，因此，本书将人口统计学特征作为控制变量加入到了回归方程。在以往主动行为前因变量的研究中通常会将人口统计学变量和主动性人格作为控制变量，本书选取了性别、年龄、学历、婚姻状况、在本工作单位工作年限及主动性人格作为控制变量。表5-7为问卷调查数据的描述性统计分析结果。

通过表5-7的数据分析结果可知，本书中的人口统计变量与研究变量情感承诺和员工主动行为相关，具体来说，年龄与情感承诺和员工主动行为正相关（r=0.23，p<0.01；r=0.15，p<0.05），学历与情感承诺负相关（r=-0.18，p<0.01），婚姻状况与员工主动行为负相关（r=-0.16，p<0.01），本单位工作年限与情感承诺和员工主动行为正相关（r=0.22，p<0.01；r=0.14，p<0.05）。控制变量主动性人格与本书的主要研究变量均正相关，说明个体的主动性格会影响到个体的主动动机和主动行为。本书的主要研究变量之间均存在相关关系，具体为：谦逊型领导与员工主动行为显著正相关（r=0.29，p<0.01）；自变量谦逊型领导与中介变量情感承诺（r=0.42，p<0.01）、积极情绪（r=0.49，p<0.01）、角色宽度自我效能（r=0.84，p<0.01），以及因变量员工主动行为（r=0.29，p<0.01）之间的关系均是正向且显著；中介变量角色宽度自我效能（r=0.33，p<0.01）、情感承诺（r=0.63，p<0.01）、积极情绪（r=0.49，p<0.01）与因变量员工主动行为之间的关系也都是正向且显著。

二、谦逊型领导对员工主动行为影响的直接作用检验

在进行了描述性统计分析之后，本书利用层次回归分析来验证相关的假设。本书在假设1中提出，谦逊型领导正向影响员工主动行为。因此，在构建回归方程时，本书将谦逊型领导作为自变量，员工主动行为作为因变量。另外，由于被试具有不同的背景信息，因此，根据以往主动行为的相关研究，本书选取了性别、年龄、学历、婚姻状况、在本单位工作年限及主动性人格作为控制变量加入到回归方程。

本书采用两个回归方程对假设1进行了验证，在第一个回归方程中，将性别、年龄、学历、婚姻状况、在本工作单位的工作年限及主动性人格这些控制变量作为自变量，将员工主动行为作为因变量；在第二个回归方程中，除了控

表 5-7　问卷调查数据中研究变量的描述性统计分析结果

	1	2	3	4	5	6	7	8	9	10	11
1. 性别	1										
2. 年龄	0.01										
3. 学历	0.04	-0.41**									
4. 婚姻状况	-0.07	-0.35**	0.10								
5. 本单位工作年限	0.04	0.92**	-0.44**	-0.33**							
6. 主动性人格	-0.06	0.14*	-0.05	-0.00	0.11*	(0.85)					
7. 谦逊型领导	-0.09	-0.08	-0.04	0.01	-0.08	0.26**	(0.96)				
8. 角色宽度自我效能	-0.11	-0.06	-0.04	0.04	-0.07	0.37**	0.84**	(0.95)			
9. 情感承诺	-0.01	0.23**	-0.18**	-0.10	0.22**	0.43**	0.42**	0.43**	(0.90)		
10. 积极情绪	-0.06	0.05	-0.09	-0.02	0.04	0.42**	0.49**	0.51**	0.56**	(0.95)	
11. 员工主动行为	-0.06	0.15*	-0.10	-0.16**	0.14*	0.32**	0.29**	0.33**	0.63**	0.49**	(0.91)
均值	1.39	38.94	2.83	1.13	15.08	3.67	3.88	3.99	3.47	3.38	3.38
标准差	0.49	9.09	0.51	0.35	10.57	0.50	0.75	0.66	0.77	0.65	0.65

注：N=290（下属），51（上司）；* 表示 p<0.05，** 表示 p<0.01，*** 表示 p<0.001；对角线上括号中的数据为各量表的 Cronbach's α 系数数值；性别（"1" 代表男性，"2" 代表女性）；学历（"1" 为大专及以下，"2" 为本科，"3" 为硕士及以上）；婚姻（"1" 代表已婚，"2" 代表未婚）。

制变量性别、年龄、学历、婚姻状况、在本单位工作年限及主动性人格以外，将谦逊型领导作为自变量放入到第一步所构建的回归方程中。利用 IBM SPSS 21.0 软件，本书进行了层次回归分析，其结果如表 5-8 所示。

表 5-8　谦逊型领导对员工主动行为影响的层次回归分析结果

	员工主动行为			
	模型 1		模型 2	
	B	SE	B	SE
截距	3.02	0.51	2.34	0.52
控制变量				
性别	−0.07	0.08	−0.05	0.07
年龄	0.00	0.01	0.00	0.01
学历	−0.07	0.08	−0.04	0.08
婚姻状况	−0.27	0.11	−0.25	0.11
在本单位工作年限	0.00	0.01	0.00	0.01
主动性人格	0.41 ***	0.07	0.33 ***	0.07
自变量				
谦逊型领导			0.20 ***	0.05
R^2	0.14 ***		0.18 ***	
ΔR^2	0.12 ***		0.16 ***	
F	7.49 ***		8.99 ***	

注：N = 290（下属），51（上司）；＊表示 $p < 0.05$，＊＊表示 $p < 0.01$，＊＊＊表示 $p < 0.001$；参数为非标准化参数。

通过表 5-8 模型 2 中的结果可以看到，在对相关的人口统计学变量性别、年龄、学历、婚姻状况、在本单位工作年限及主动性人格进行控制后，谦逊型领导与员工主动行为之间的关系正向且显著（B = 0.20，SE = 0.05，$p < 0.001$）。因此，假设 1 得到了数据支持，假设 1 成立。

尽管本书在问卷调查数据的过程中采用的是上司—下属配对的收集方式，但仍有可能存在共同方法偏差问题。共同方法偏差（Common Method Variance）是指在数据收集时，数据的来源出自同一位被试或者所采用的测量方法相同所导致的系统误差，又被称为同源方差。为此，本书采用 Harman 单因素分析的方法对是否存在严重的共同方法偏差问题进行检验。具体的操作步骤是对测量的题项进行因子分析，采用主成分分析抽取一个未经旋转的因子，并观察该因子的方差解释率。当该因子的方差解释率为11%～35%时，即可认为研究的共同方法偏差问题不严重。在本书中，抽取的一个因子的方差解释率仅为12.13%，处于可接受的范围。并且在实验数据的分析中，本书已经对谦逊型领导对员工主动行为的正向影响进行了检验，这也确保了假设1验证结果的稳健性。

三、角色宽度自我效能的中介作用检验

本小节检验中介作用的步骤与前面实验研究中的检验步骤是一样的，同样是依据 Baron 和 Kenny 的检验步骤，采用层次回归分析法对假设进行检验。在本小节的实证分析中，谦逊型领导是自变量，角色宽度自我效能是中介变量，员工主动行为是因变量。

本书提出角色宽度自我效能在谦逊型领导与员工主动行为之间起中介作用，包括假设2和假设3。本书构建了2个回归方程来检验角色宽度自我效能的中介作用，回归方程包括：①在模型1中，分析谦逊型领导对角色宽度自我效能的影响；②在模型2中，分析加入中介变量后谦逊型领导对员工主动行为的影响。表5-9为角色宽度自我效能中介作用的层次回归分析结果。这里需要说明的是，谦逊型领导对员工主动行为的直接作用在上一小节已被检验，因此，本书并没有将其加入构建的回归方程，此外，本书也将人口统计学变量和主动性人格加入回归方程。

表5-9　角色宽度自我效能的中介作用层次回归分析结果

	角色宽度自我效能		员工主动行为	
	模型 1		模型 2	
	B	SE	B	SE
截距	-0.50	0.35	2.43^{***}	0.52
控制变量				
性别	-0.04	0.06	-0.04	0.07
年龄	0.01	0.00	0.00	0.00
学历	-0.02	0.08	-0.04	0.09
婚姻状况	0.05	0.06	-0.26^{*}	0.07
本单位工作年限	-0.01	0.00	0.00	0.00
主动性人格	0.25^{***}	0.08	0.28^{***}	0.09

续表

	角色宽度自我效能		员工主动行为	
	模型 1		模型 2	
	B	SE	B	SE
自变量				
谦逊型领导	0.84 ***	0.03	0.05	0.09
中介变量				
角色宽度自我效能			0.18 *	0.09
R^2	0.74 ***		0.19 *	
ΔR^2	0.58 ***		0.01 *	
F	16.38 ***		8.47 ***	

注：N=290（下属），51（上司）；＊表示 p<0.05，＊＊表示 p<0.01，＊＊＊表示 p<0.001；参数为非标准化参数。

根据 Baron 和 Kenny 检验中介变量的标准，本书首先对第一步的要求进行了检验，第一步的要求为自变量能够显著影响因变量，在本书中为谦逊型领导对员工主动行为的影响，这一步的回归结果已在表 5-8 的模型 2 中得到验证，即谦逊型领导正向并显著地影响员工主动行为（B = 0.20，SE = 0.05，p<0.001）。该方法的第二步要求也得到验证，对于角色宽度自我效能，表 5-9 模型 1 的分析结果显示，谦逊型领导对角色宽度自我效能有显著的正向影响（B=0.84，SE=0.03，p<0.001）。中介作用成立的第三步也得到满足，由表 5-9 模型 2 的结果可以看出，加入谦逊型领导后，角色宽度自我效能正向并显著地影响员工主动行为（B=0.18，SE=0.09，p<0.05）；加入中介变量后，谦逊型领导对员工主动行为的影响变为不显著（SE=0.09，p>0.05）。这一分析结果说明，角色宽度自我效能完全中介谦逊型领导与员工主动行为之间的关系，假设 2 和假设 3 得到了初步支持。

四、情感承诺的中介作用检验

本书提出情感承诺在谦逊型领导与员工主动行为之间起中介作用，包括假设 4 和假设 5。为了检验情感承诺的中介作用，本小节采用与角色宽度自我效能检验一致的方法，仍根据 Baron 和 Kenny 的中介变量检验步骤，采用层次回归的方法对假设进行检验，表 5-10 为情感承诺中介作用的回归分析结果。

表 5-10　情感承诺的中介作用层次回归分析结果

	情感承诺		员工主动行为	
	模型 1		模型 2	
	B	SE	B	SE
截距	0.72 ***	0.52	1.95 ***	0.45
控制变量				
性别	0.05	0.07	−0.08	0.06
年龄	0.01	0.01	−0.00	0.01
学历	−0.10	0.08	0.01	0.07
婚姻状况	−0.08	0.11	−0.21 *	0.10
本单位工作年限	0.00	0.01	0.00	0.09
主动性人格	0.45 ***	0.07	0.08	0.07
自变量				
谦逊型领导	0.34 ***	0.05	0.02	0.05
中介变量				
情感承诺			0.53 ***	0.05
R^2	0.34 ***		0.41 ***	
ΔR^2	0.11 ***		0.23 ***	
F	20.94 ***		24.40 ***	

注：N=290（下属），51（上司）；* 表示 $p<0.05$，** 表示 $p<0.01$，*** 表示 $p<0.001$；参数为非标准化参数。

　　根据 Baron 和 Kenny 检验中介变量的标准，本书首先对第一步的要求进行了检验，第一步的要求为自变量能够显著影响因变量，在本书中为谦逊型领导对员工主动行为的影响要显著。这一步的回归结果已在表 5-8 的模型 2 中得到验证，即谦逊型领导正向并显著地影响员工主动行为（$B=0.20$，$SE=0.05$，$p<0.001$）。接下来，对第二步自变量显著影响因变量进行检验。对于情感承诺，表 5-10 模型 1 的回归分析结果显示，谦逊型领导对情感承诺有显著的正向影响（$B=0.34$，$SE=0.05$，$p<0.001$）。中介作用成立的第三步也得到满足，由表 5-10 模型 2 的结果可以看出，加入谦逊型领导后，情感承诺正向并显著地影响员工主动行为（$B=0.53$，$SE=0.05$，$p<0.001$）；加入中介变量情感承诺后，自变量谦逊型领导对因变量员工主动行为的影响变为不显著（$B=0.02$，$SE=0.05$，$p>0.05$），这一分析结果说明，谦逊型领导能够通过情感承诺正向影响员工主动行为，情感承诺完全中介了二者之间的关系，假设 4 和假设 5 得到了初步支持。

五、积极情绪的中介作用检验

本书提出积极情绪在谦逊型领导与员工主动行为之间起中介作用的假设，包括假设 6 和假设 7。本小节仍根据 Baron 和 Kenny 的中介变量检验步骤，采用层次回归的方法对研究假设进行检验，构建的回归方程包括：①在模型 1 中，分析谦逊型领导对积极情绪的影响；②在模型 2 中，分析加入积极情绪后谦逊型领导对员工主动行为的影响。回归分析结果如表 5-11 所示。值得说明的是，谦逊型领导对员工主动行为的直接作用在上一小节已被检验，因此，本书仍没有将其加入构建的回归方程。

根据 Baron 和 Kenny 检验中介变量的标准，第一步要求是自变量能够显著影响因变量，在本书中为谦逊型领导对员工主动行为的影响。这一步的回归结果已在表 5-8 的模型 2 中得到验证，即谦逊型领导正向并显著地影响员工主动行为（B=0.20，SE=0.05，p<0.001）。接下来，对第二步自变量显著影响因变量进行检验。对于积极情绪，表 5-11 模型 1 的回归分析结果显示，谦逊型领导对积极情绪有显著的正向影响（B=0.37，SE=0.05，p<0.001）。该方法的第三步要求是，在加入中介变量后自变量对因变量的影响变得不显著或减弱。由表 5-11 模型 2 的结果可以看出，中介作用成立的第三步也得到满足，加入谦逊型领导后，积极情绪正向并显著地影响员工主动行为（B=0.38，SE=0.06，p<0.001）；加入中介变量积极情绪后，谦逊型领导对员工主动行为的影响变为不显著（SE=0.05，p>0.05）。这一分析结果说明，积极情绪完全中介谦逊型领导与员工主动行为之间的关系，假设 6 和假设 7 得到了初步支持。

表 5-11　积极情绪的中介作用层次回归分析结果

	积极情绪		员工主动行为	
	模型 1		模型 2	
	B	SE	B	SE
截距	0.25	0.49	2.24 ***	0.49
控制变量				
性别	−0.01	0.07	−0.05	0.07

续表

	积极情绪		员工主动行为	
	模型 1		模型 2	
	B	SE	B	SE
年龄	0.00	0.01	0.00	0.01
学历	−0.07	0.07	−0.01	0.07
婚姻状况	−0.02*	0.10	−0.24*	0.10
本单位工作年限	−0.00	0.01	0.00	0.01
主动性人格	0.42***	0.07	0.17*	0.07
自变量				
谦逊型领导	0.37***	0.05	0.06	0.05
中介变量				
积极情绪			0.38***	0.06
R^2	0.34***		0.28***	
ΔR^2	0.15***		0.10***	
F	20.51***		13.88***	

注：N=290（下属），51（上司）；*表示 $p<0.05$，**表示 $p<0.01$，***表示 $p<0.001$；参数为非标准化参数。

为了进一步验证三个中介变量在谦逊型领导与员工主动行为关系中的中介效应的显著性，接下来，本书通过 Preacher 和 Hayes（2008）的 Bootstrap 的基本原理，对以上三个中介变量（情感承诺、积极情绪、角色宽度自我效能）的中介效应进行进一步的 Bootstrap 检验。采用 Bootstrap 重复抽样的方法构建了中介效应值的置信区间，通过 SPSS 软件对样本进行 5000 次 Bootstrap，置信区间（CI）设为 95%，表 5-12 为中介作用的 Bootstrap 评估分析结果。

表 5-12 谦逊型领导影响员工主动行为间接效应的 Bootstrap 检验结果

中介作用	BC 95% CI			
	估计值	标准差	下限	上限
角色宽度自我效能	0.41	0.11	0.21	0.66
情感承诺	0.24	0.10	0.03	0.43
积极情绪	0.37	0.13	0.07	0.62

注：BC 95% CI 表示修正后的 95%置信区间。

通过表 5-12 的结果可知，角色宽度自我效能在谦逊型领导与员工主动行为中的中介作用值为 0. 41（CI = ［0. 21，0. 66］，不包含 0）。因此，角色宽度自我效能在谦逊型领导与员工主动行为之间的中介作用成立，假设 2 和假设 3 得到验证。

情感承诺在谦逊型领导与员工主动行为之间的中介作用值为 0. 24（CI = ［0. 03，0. 43］，不包含 0）。因此，谦逊型领导能够通过情感承诺正向影响员工主动行为，假设 4 和假设 5 得到验证。

积极情绪在谦逊型领导与员工主动行为之间的中介作用值为 0. 37（CI = ［0. 07，0. 62］，不包含 0）。因此，积极情绪在谦逊型领导与员工主动行为之间的中介作用成立，假设 6 和假设 7 得到验证。

第六章 谦逊型领导对员工主动行为 影响的条件

第一节 谦逊型领导对员工主动行为影响的 调节作用研究框架

　　本章采用问卷调查法所获得数据检验谦逊型领导影响员工主动行为的边界条件，即真实性感知在谦逊型领导、角色宽度自我效能、情感承诺、积极情绪及员工主动行为之间的调节作用。本书构建了第一阶段被调节的多中介模型，图6-1展示了其研究理论框架。依据该理论研究框架，本书首先检验真实性感知在谦逊型领导与角色宽度自我效能、情感承诺以及积极情绪之间的简单调节作用，包括假设8、假设9和假设10的验证。其次，在简单调节作用的基础上，本书检验真实性感知作为调节变量，角色宽度自我效能、情感承诺及积极情绪作为中介变量的第一阶段被调节的多中介模型，包括假设11、假设12和假设13的验证。

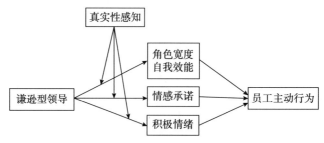

图6-1　真实性感知调节谦逊型领导与员工主动行为关系的间接效应研究框架

在组织管理的研究范式中，调节变量在模型中调节作用的验证是探索边界条件的本质。本书中谦逊型领导对员工主动行为影响的边界条件就是验证员工对领导谦逊行为真实性感知在其中的调节作用。

当自变量和因变量之间关系的方向或强度会受到某种变量的影响时，学术研究上将这个变量称为调节变量。为了检验调节效应，可以通过三个步骤进行验证。首先，可以以控制变量为自变量构建其对因变量的影响方程；然后，将自变量和控制变量同时放入回归方程中，分析自变量对因变量的影响；最后，将控制变量、自变量、调节变量与自变量和调节变量的交互项放入回归方程中，分析交互项对因变量的影响。具体内容如式（6-1）所示。

$$\begin{cases} DV = \beta_{10} + \beta_{11}Contr + \varepsilon_1 \\ DV = \beta_{20} + \beta_{21}Contr + \beta_{22}IV + \varepsilon_2 \\ DV = \beta_{30} + \beta_{31}Contr + \beta_{32}IV + \beta_{33}Mo + \beta_{34}IV \times Mo + \varepsilon_3 \end{cases} \quad (6-1)$$

在式（6-1）中，本书的研究变量分别表示为：因变量员工主动行为用 DV 代表；自变量谦逊型领导用 IV 代表；调节变量真实性感知用 Mo 代表；控制变量也就是人口统计学变量和主动性人格用 Contr 代表；β_{10}、β_{20} 和 β_{30} 代表的是各个方程的截距，β_{11}、β_{21}、β_{22}、β_{31}、β_{32}、β_{33} 和 β_{34} 代表的是回归系数；ε_1、ε_2 和 ε_3 代表的是各个方程的残差项。

当中介变量对自变量与因变量之间的间接效应值由调节变量调节时，学术上将这样的模型称为被调节的中介作用模型。本书中调节变量是通过调节自变量和中介变量之间的关系，从而调节了中介变量的中介效应，所以本书构建的是第一阶段被调节中介模型。构建层次回归模型是检验被调节中介作用常用的方法，这里检验的是第一阶段被调节的中介模型，式（6-2）为验证被调节中介作用的回归方程模型。

$$\begin{cases} Me = \beta_{10} + \beta_{11}Contrl + \beta_{12}IV + \beta_{13}Mo + \beta_{14}IV \times Mo + \varepsilon_1 \\ DV = \beta_{20} + \beta_{21}Contrl + \beta_{22}IV + \beta_{23}Mo + \beta_{24}IV \times Mo + \beta_{25}Me + \varepsilon_2 \end{cases}$$

$$(6-2)$$

在式（6-2）中，因变量员工主动行为用 DV 代表；自变量谦逊型领导用 IV 代表；中介变量角色宽度自我效能、情感承诺和积极情绪用 Me 代表；调节变量真实性感知用 Mo 代表；控制变量包括人口统计学变量和主动性人格；β_{10} 和 β_{20} 代表的是各个方程的截距，β_{11}、β_{12}、β_{13}、β_{14}、β_{21}、β_{22}、β_{23}、β_{24}、β_{25} 代表的是回归系数；ε_1 和 ε_2 代表的是各个方程的残差项。

第二节　真实性感知的调节作用分析

一、真实性感知对角色宽度自我效能路径的调节作用检验

在进行回归分析之前，本书首先对问卷调查获得数据进行描述性统计分析，描述性统计分析结果如表6-1所示。

从表6-1中的数据分析结果可以看出，谦逊型领导与角色宽度自我效能（r=0.84，p<0.01）、情感承诺（r=0.42，p<0.01）、积极情绪（r=0.49，p<0.01）以及员工主动行为（r=0.29，p<0.01）之间的关系均是正向且显著。调节变量真实性感知与自变量谦逊型领导（r=0.13，p<0.01）、因变量员工主动行为（r=0.29，p<0.01）以及中介变量角色宽度自我效能（r=0.19，p<0.05）、情感承诺（r=0.39，p<0.01）、积极情绪（r=0.27，p<0.01）之间均存在显著的正相关关系。

本书提出假设8，即真实性感知正向调节谦逊型领导与角色宽度自我效能之间的关系。本书构建了三个回归方程对假设8进行验证：在模型1中，分析谦逊型领导对角色宽度自我效能的影响；在模型2中，分析加入真实性感知后，谦逊型领导对角色宽度自我效能的影响；在模型3中，分析加入谦逊型领导和真实性感知乘积项后谦逊型领导对角色宽度自我效能的影响，表6-2为回归分析的结果。

通过表6-2模型2的结果可以看出，谦逊型领导对角色宽度自我效能的影响是正向且显著的（B=0.86，SE=0.03，p<0.001），通过模型3可以看出，谦逊型领导与真实性感知的乘积项系数是正向且显著的（B=0.13，SE=0.02，p<0.01），这一分析结果说明，真实性感知能够正向调节谦逊型领导对角色宽度自我效能的影响，假设8获得了支持。

表 6-1　调节作用中研究变量的描述性统计分析结果

	1	2	3	4	5	6	7	8	9	10	11	12
1. 性别	1											
2. 年龄	0.01	1										
3. 学历	0.04	-0.41**	0.10									
4. 婚姻状况	-0.07	-0.35**	-0.44**	-0.33**								
5. 本单位工作年限	0.04	0.92**	-0.05	-0.00	0.11*							
6. 主动性人格	-0.06	0.14*	-0.04	0.01	-0.08	(0.85)						
7. 谦逊型领导	-0.09	-0.08	-0.04	0.04	-0.07	0.26**	(0.96)					
8. 角色宽度自我效能	-0.11	-0.06	-0.04	-0.10	0.22**	0.37**	0.84**	(0.95)				
9. 情感承诺	-0.01	0.23**	-0.18**	-0.02	0.04	0.43**	0.42**	0.43**	(0.90)			
10. 积极情绪	-0.06	0.05	-0.09	-0.02	0.04	0.42**	0.49**	0.51**	0.56**	(0.95)		
11. 员工主动行为	-0.06	0.15*	-0.10	-0.16**	0.14*	0.32**	0.29**	0.33**	0.63**	0.49**	(0.91)	
12. 真实性感知	-0.06	0.29**	-0.09	-0.17**	0.24**	0.49**	0.13	0.19*	0.39**	0.27**	0.34**	(0.87)
均值	1.39	38.94	2.83	1.13	15.08	3.67	3.88	3.99	3.47	3.38	3.38	3.25
标准差	0.49	9.09	0.51	0.35	10.57	0.50	0.75	0.66	0.77	0.65	0.65	0.85

注：N=290（下属），51（上司）；* 表示 $p<0.05$，** 表示 $p<0.01$，*** 表示 $p<0.001$；对角线上括号中的数据为各量表为 Cronbach's α 系数值；性别（"1"代表男性，"2"代表女性）；学历（"1"为大专及以下，"2"为本科，"3"为硕士及以上）；婚姻（"1"代表已婚，"2"代表未婚）。

表6-2 真实性感知对谦逊型领导与角色宽度自我效能之间关系的调节作用层次回归检验

| | 角色宽度自我效能 | | | | | |
| | 模型 1 | | 模型 2 | | 模型 3 | |
	B	SE	B	SE	B	SE
截距	2.39***	0.59	-0.50	0.35	-0.58	0.35
控制变量						
性别	-0.12	0.09	-0.04	0.05	-0.03	0.05
年龄	-0.01	0.01	0.00	0.01	0.01	0.01
婚姻状况	-0.02	0.13	0.06	0.07	0.07	0.07
学历	-0.13	0.09	-0.02	0.05	-0.02	0.05
本单位工作年限	-0.01	0.01	-0.01	0.01	-0.01	0.01
主动性人格	0.60***	0.09	0.25***	0.06	0.23***	0.06
自变量						
谦逊型领导	0.84***	0.03	0.86***	0.03	0.84***	0.03
调节变量						
真实性感知			0.01	0.03	0.02	0.03
交互项						
谦逊型领导×真实性感知					0.13**	0.02
R^2	0.17***		0.74***		0.75**	
ΔR^2	0.17***		0.58***		0.01**	
F	9.42***		113.38***		93.36***	

注：N=290（下属），51（上司）；*表示 p<0.05，**表示 p<0.01，***表示 p<0.001；参数为非标准化参数。

为了进一步解释真实性感知在谦逊型领导对角色宽度自我效能影响中的调节效应，本书根据以往调节作用的绘制方法，绘制了谦逊型领导和真实性感知的交互作用图。采用在调节变量均值加减一个标准差的方法，绘制真实性感知分别在高水平和低水平时，谦逊型领导对角色宽度自我效能的调节作用图，图6-2为真实性感知在谦逊型领导与角色宽度自我效能之间的调节作用。

从图6-2中可以看出，真实性感知能够正向调节谦逊型领导与员工角色宽度自我效能之间的关系，即随着下属对领导谦逊行为真实性感知的增多，谦逊型领导对角色宽度自我效能的影响也就越强，假设8得到再次支持。同时，为了能够更加准确地判别真实性感知的调节作用，本书通过简单斜率分析来检验

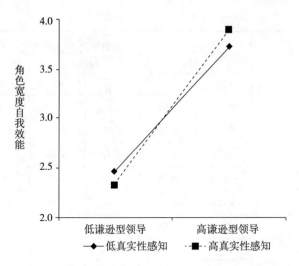

图6-2　真实性感知在谦逊型领导与角色宽度自我效能之间的调节作用

真实性感知的调节作用。分析结果显示，当真实性感知水平低（斜率值=0.79，BC 95% CI=0.71，0.87）和高（斜率值=0.97，BC 95% CI=0.88，1.06）时，谦逊型领导与角色宽度自我效能均显著正相关。这些数据分析的结果为假设8的验证提供了支撑，假设8成立。

二、真实性感知对情感承诺路径的调节作用检验

本小节采用与检验角色宽度自我效能一致的方法来检验假设9，即真实性感知正向调节谦逊型领导与情感承诺之间的关系。当员工更多地感知到真实性时，谦逊型领导与情感承诺之间的正向关系增强。表6-3为真实性感知在谦逊型领导与情感承诺之间的调节作用分析结果。

表 6-3　真实性感知对谦逊型领导与情感承诺之间关系的调节效应的层次回归检验

	情感承诺					
	模型 1		模型 2		模型 3	
	B	SE	B	SE	B	SE
截距	1.90 ***	0.53	0.80	0.51	0.71	0.51
控制变量						

	情感承诺					
	模型 1		模型 2		模型 3	
	B	SE	B	SE	B	SE
性别	0.02	0.08	0.06	0.07	0.07	0.07
年龄	0.01	0.01	0.01	0.01	0.01	0.01
婚姻状况	−0.10	0.11	−0.04	0.10	−0.03	0.10
学历	−0.14	0.08	−0.10	0.08	−0.10	0.08
本单位工作年限	0.00	0.01	0.01	0.01	0.00	0.01
主动性人格	0.59***	0.08	0.33***	0.08	0.31***	0.08
自变量						
谦逊型领导	0.34***	0.05	0.34***	0.05	0.35***	0.05
调节变量						
真实性感知			0.16**	0.05	0.17***	0.05
交互项						
谦逊型领导×真实性感知					0.09*	0.03
R^2	0.23***		0.37***		0.38***	
ΔR^2	0.23***		0.14***		0.04***	
F	14.04***		20.41***		18.93***	

注：N＝290（下属），51（上司）；＊表示 $p<0.05$，＊＊表示 $p<0.01$，＊＊＊表示 $p<0.001$；参数为非标准化参数。

通过表6-3中模型2的结果可以看出，谦逊型领导与情感承诺之间的关系是正向且显著的（B＝0.34，SE＝0.05，$p<0.001$），通过模型3的结果可以看出，谦逊型领导与真实性感知的乘积项系数正向且显著（B＝0.09，SE＝0.03，$p<0.05$），这一分析结果说明，真实性感知能够正向调节谦逊型领导与情感承诺之间的关系，假设9获得了支持。

为了进一步解释真实性感知在谦逊型领导与情感承诺之间的调节作用，本书根据以往调节作用的绘制方法，绘制了谦逊型领导和真实性感知的交互作用图。采用在调节变量均值加减一个标准差的方法，绘制真实性感知分别在高水平和低水平时，谦逊型领导对情感承诺的调节作用图，图6-3为真实性感知在谦逊型领导与情感承诺之间的调节作用。

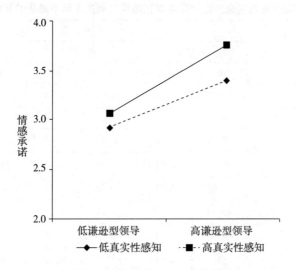

图 6-3　真实性感知在谦逊型领导与情感承诺之间的调节作用

从图 6-3 中可以看出，真实性感知正向调节谦逊型领导与情感承诺之间的关系，即随着下属对领导谦逊行为真实性感知的增多，谦逊型领导对情感承诺的影响也就越强，假设 9 获得进一步支持。同时，为进一步对真实性感知的调节作用进行判别，本书对真实性感知的调节作用进行了简单斜率检验（Simple Slope）。分析的结果显示，当下属对领导谦逊行为真实性感知水平低（斜率值=0.27，BC 95% CI = 0.15，0.40）和高（斜率值 = 0.46，BC 95% CI = 0.33，0.59）时，谦逊型领导与情感承诺均显著正相关，这些数据结果为假设 9 的验证提供了支撑，假设 9 成立。

三、真实性感知对积极情绪路径的调节作用检验

本小节采用与上述相同的方法来检验假设 10，即真实性感知正向调节谦逊型领导与积极情绪之间的关系。当员工更多地感知到真实性时，谦逊型领导与积极情绪之间的正向关系增强。表 6-4 为真实性感知在谦逊型领导与积极情绪之间的调节作用分析结果。

表 6-4　真实性感知对谦逊型领导与积极情绪之间关系调节效应的层次回归检验

	积极情绪					
	模型 1		模型 2		模型 3	
	B	SE	B	SE	B	SE
截距	1.53**	0.51	0.28	0.48	0.23	0.49
控制变量						
性别	-0.04	0.08	0.00	0.07	0.01	0.07
婚姻状况	0.00	0.01	0.00	0.01	0.00	0.01
年龄	-0.05	0.11	-0.01	0.10	-0.00	0.10
学历	-0.12	0.08	-0.07	0.07	-0.07	0.07
本单位工作年限	-0.00	0.01	-0.00	0.01	-0.00	0.01
主动性人格	0.57***	0.07	0.37***	0.08	0.36***	0.08
自变量						
谦逊型领导	0.37***	0.05	0.46***	0.56	0.47***	0.05
调节变量						
真实性感知			0.06	0.66	0.07	0.05
交互项						
谦逊型领导×真实性感知					0.04	0.03
R^2	0.19***		0.34***		0.35	
ΔR^2	0.19***		0.15***		0.00	
F	10.86***		18.24***		16.39***	

注：N=290（下属），51（上司）；* 表示 $p<0.05$，** 表示 $p<0.01$，*** 表示 $p<0.001$；参数为非标准化参数。

通过表 6-4 模型 2 的结果可以看出，自变量谦逊型领导对中介变量积极情绪的影响正向且显著（B=0.46，SE=0.56，$p<0.001$），通过模型 3 的结果可以看出，谦逊型领导与真实性感知的乘积项系数是正向但不显著（B=0.04，SE=0.03，$p>0.05$），因此，真实性感知在谦逊型领导对积极情绪的影响中并没有起到调节作用，假设 10 没有得到支持，假设 10 不成立。

第三节　真实性感知在中介模型中的调节作用分析

一、真实性感知对角色宽度自我效能路径的被调节中介作用检验

本书采用被调节中介模型，分别对真实性感知在谦逊型领导通过角色宽度自我效能与情感承诺影响员工主动行为的被调节中介作用进行检验。具体而言，包括对假设 8、假设 9、假设 10、假设 11、假设 12 和假设 13 的检验。上一小节对假设 8、假设 9 和假设 10，即真实性感知在谦逊型领导与角色宽度自我效能、情感承诺以及积极情绪之间的调节作用进行了回归分析，分析的结果显示，真实性感知调节了谦逊型领导与角色宽度自我效能和情感承诺之间的关系，而在谦逊型领导与积极情绪之间的关系中并没有起到调节作用。本书在已有调节作用分析结果的基础上进行第一阶段被调节中介作用检验。

本小节在真实性感知对谦逊型领导与角色宽度自我效能之间调节作用成立的基础上，对假设 11 进行检验，即检验真实性感知在谦逊型领导通过角色宽度自我效能对员工主动行为产生影响过程中的调节作用。根据层次回归法构建回归方程，第一个方程的自变量包括控制变量、谦逊型领导、真实性感知、谦逊型领导与真实性感知的交互项，因变量是员工主动行为。第二个方程在第一个方程基础上加入中介变量角色宽度自我效能，因变量是员工主动行为，检验结果如表 6-5 所示。

表 6-5　角色宽度自我效能路径的被调节中介作用的层次回归检验

	员工主动行为			
	模型 1		模型 2	
	B	SE	B	SE
截距	2.42***	0.52	2.52***	0.52
控制变量				
性别	-0.04	0.07	-0.03	0.07

续表

| | 员工主动行为 | | | |
| | 模型 1 | | 模型 2 | |
	B	SE	B	SE
婚姻状况	−0.00*	0.01	−0.00*	0.01
年龄	−0.22	0.11	−0.23	0.11
学历	−0.04	0.01	−0.04	0.08
本单位工作年限	0.00	0.08	0.01*	0.01
主动性人格	0.21*	0.05	0.17	0.09
自变量				
谦逊型领导	0.19***	0.05	0.04	0.09
调节变量				
真实性感知	0.16**	0.05	0.15**	0.05
交互项				
谦逊型领导×真实性感知	−0.00	0.03	−0.01	0.03
中介变量				
角色宽度自我效能			0.18*	0.09
R^2	0.21***		0.22*	
ΔR^2	0.07***		0.01*	
F	8.31***		7.97***	

注：N=290（下属），51（上司）；＊表示 p<0.05，＊＊表示 p<0.01，＊＊＊表示 p<0.001；参数为非标准化参数。

从表6-5中模型2的数据分析结果可以看出，在引入了谦逊型领导与真实性感知的交互项后，角色宽度自我效能在谦逊型领导与员工主动行为之间的中介作用正向且显著（B=0.18，SE=0.09，p<0.05），这一结果说明，角色宽度自我效能在谦逊型领导与员工主动行为之间的中介作用受到真实性感知的调节。假设11获得了初步支持。

接下来，本书通过 Hayes（2013）的 Bootstrap 基本原理，对真实性感知在角色宽度自我效能路径中的被调节中介作用进行进一步的 Bootstrap 检验。本书采用 Bootstrap 重复抽样方法构建了中介效应值的置信区间，通过 SPSS 软件对样本进行5000次 Bootstrap，置信区间（CI）设为95%，其 Bootstrap 评估分析结果如表6-6所示。

表6-6　真实性感知对角色宽度自我效能路径的被调节中介效应 **Bootstrap** 检验

角色宽度自我效能的中介作用 谦逊型领导→员工主动行为	BC 95% CI			
	估计值	标准差	下限	上限
真实性感知				
低	0.21	0.07	0.05	0.36
中	0.23	0.08	0.06	0.39
高	0.26	0.09	0.06	0.43

注：BC 95% CI 表示修正后的95%置信区间。

由表6-6可以看出，角色宽度自我效能在谦逊型领导与员工主动行为之间的中作用值会随着真实性感知的不断增加而增加，其中介效应值为0.26（CI＝[0.06，0.43]，不包含0）。假设11得到进一步支持，假设11成立。

二、真实性感知对情感承诺路径的被调节中介作用检验

本小节在真实性感知对谦逊型领导与情感承诺之间调节作用成立的基础上，对假设12进行检验，即检验真实性感知在谦逊型领导通过情感承诺影响员工主动行为路径中的调节作用。假设12认为，情感承诺在谦逊型领导与员工主动行为之间的中介作用受到真实性感知的调节。当员工感知到的真实性越多时，情感承诺的中介作用就越强。本书根据层次回归法构建了两个回归方程，第一个方程的自变量包括控制变量、谦逊型领导、真实性感知、谦逊型领导与真实性感知的交互项，因变量为员工主动行为。第二个方程在第一个方程的基础上加入中介变量情感承诺，因变量为员工主动行为。表6-7为情感承诺路径的被调节中介作用的层次回归检验结果。

表6-7　情感承诺路径的被调节中介作用的层次回归检验结果

	员工主动行为			
	模型1		模型2	
	B	SE	B	SE
截距	2.42 ***	0.52	2.04 ***	0.45
控制变量				

续表

	员工主动行为			
	模型 1		模型 2	
	B	SE	B	SE
性别	−0.04	0.07	−0.08	0.06
婚姻状况	−0.00*	0.01	−0.01*	0.01
年龄	−0.22*	0.11	−0.20	0.09
学历	−0.04	0.08	0.01	0.07
本单位工作年限	0.00	0.01	0.00	0.01
主动性人格	0.21*	0.08	0.04	0.04
自变量				
谦逊型领导	0.19***	0.05	0.01	0.05
调节变量				
真实性感知	0.16**	0.05	0.06	0.04
交互项				
谦逊型领导×真实性感知	−0.00	0.03	−0.04	0.03
中介变量				
情感承诺			0.53***	0.05
R^2	0.21***		0.42***	
ΔR^2	0.07***		0.21***	
F	8.21***		20.14***	

注：N=290（下属），51（上司）；* 表示 $p<0.05$，** 表示 $p<0.01$，*** 表示 $p<0.001$；参数为非标准化参数。

从表6-7中的模型2可以看出，在引入了自变量谦逊型领导与调节变量真实性感知的交互项后，情感承诺在谦逊型领导与员工主动行为之间的中介作用显著（B=0.53，SE=0.05，$p<0.001$），这一结果说明，情感承诺在谦逊型领导与员工主动行为之间的中介作用受到真实性感知的调节。假设12获得了支持。

同样，本书通过 Hayes（2013）的 Bootstrap 的基本原理，对真实性感知对情感承诺在谦逊型领导与员工主动行为之间中介作用的调节作用进行进一步的 Bootstrap 检验。本书采用 Bootstrap 重复抽样的方法构建了中介效应值的置信区间，通过 SPSS 软件对样本进行 5000 次 Bootstrap，置信区间（CI）设为95%，

表 6-8 为真实性感知对情感承诺路径被调节中介效应的 Bootstrap 检验评估分析结果。

表 6-8 真实性感知对情感承诺路径被调节中介效应的 Bootstrap 检验评估分析结果

情感承诺的中介作用 谦逊型领导→员工主动行为	BC 95% CI			
	估计值	标准差	下限	上限
真实性感知				
低	0.15	0.05	0.07	0.27
中	0.20	0.04	0.14	0.30
高	0.26	0.04	0.18	0.36

注：BC 95% CI 表示修正后的 95% 置信区间。

由表 6-8 可以看出，情感承诺在谦逊型领导与员工主动行为之间的中介作用效应值随着真实性感知的不断增加而增加，中介效应值为 0.26（CI = [0.18，0.36]，不包含 0）。假设 12 得到进一步支持，假设 12 成立。

由于真实性感知在谦逊型领导与积极情绪之间的调节作用不成立，因此，对于真实性感知调节谦逊型领导通过积极情绪影响员工主动行为的被调节中介作用无须做进一步检验，假设 13 不成立。

第四节　谦逊型领导影响员工主动
行为的相关结果及讨论

一、假设检验结果总结

本小节对第四章谦逊型领导对员工主动行为影响的模型构建与研究设计中提出的 13 个假设的检验分析结果进行汇总，假设检验汇总结果如表 6-9 所示。

表 6-9　谦逊型领导对员工主动行为影响的假设检验结果汇总

	假设	结论
假设 1	谦逊型领导正向影响员工主动行为	支持
假设 2	谦逊型领导正向影响角色宽度自我效能	支持
假设 3	谦逊型领导通过角色宽度自我效能正向影响员工主动行为	支持
假设 4	谦逊型领导正向影响情感承诺	支持
假设 5	谦逊型领导通过情感承诺正向影响员工主动行为	支持
假设 6	谦逊型领导正向影响积极情绪	支持
假设 7	谦逊型领导通过积极情绪正向影响员工主动行为	支持
假设 8	真实性感知正向调节谦逊型领导与角色宽度自我效能之间的关系。具体来说，员工感知到的真实性越多，谦逊型领导对角色宽度自我效能的正向影响就越强	支持
假设 9	真实性感知正向调节谦逊型领导与情感承诺之间的关系。具体来说，员工感知到的真实性越多，谦逊型领导对情感承诺的正向影响就越强	支持
假设 10	真实性感知正向调节谦逊型领导与积极情绪之间的关系。具体来说，员工感知到的真实性越多，谦逊型领导对积极情绪的正向影响就越强	不支持
假设 11	谦逊型领导通过角色宽度自我效能正向影响员工主动行为的间接效应受到真实性感知的调节。当员工感知到的真实性越多时，角色宽度自我效能的中介作用就越强	支持
假设 12	谦逊型领导通过情感承诺正向影响员工主动行为的间接效应受到真实性感知的调节。当员工感知到的真实性越多时，情感承诺的中介作用就越强	支持
假设 13	谦逊型领导通过积极情绪正向影响员工主动行为的间接效应受到真实性感知的调节。当员工感知到的真实性越多时，积极情绪的中介作用就越强	不支持

从表 6-9 可以看出，本书提出的 13 个假设中，有 11 个假设得到了支持，分别为假设 1、假设 2、假设 3、假设 4、假设 5、假设 6、假设 7、假设 8、假设 9、假设 11 和假设 12，有 2 个假设没有得到支持，分别为假设 10 和假设 13。

二、讨论

(一) 谦逊型领导对员工主动行为影响的直接作用讨论

从实证分析结果可以看出，谦逊型领导与主动行为之间具有显著的正相关关系。这在实证上证明了"自下而上"的领导方式会更好地激励员工的积极性，表现出更多的主动行为。本书结果还拓展了谦逊型领导与员工主动行为的研究结果，进一步厘清了积极领导行为与员工主动性之间的关系。在以往的研究中，积极领导行为与主动行为之间的关系存在一定的争议。尽管以往研究已对积极领导行为与员工主动行为之间的关系进行了探讨，但除了变革型领导风格，无论在理论上还是在实证上都很少关注其他领导风格对主动行为的影响。谦逊型领导作为一种新的"自下而上"的领导风格对下属的态度、行为及绩效都会产生积极的影响。谦逊型领导就像父母一样，他们能给下属提供安全感，这种安全感是员工发展其他积极属性的先决条件，如自我效能、自尊、信任、积极情绪等，是员工体验和实现马斯洛层次需求中更高层次需求的能力基础。员工主动行为不仅对企业在动态化的竞争环境中保持稳健发展有重要的作用，而且对于员工自身职业生涯的发展也起着非常重要的作用。谦逊型领导有助于员工走出"主动困境"，从而进行有利于组织和自我发展的超出薪酬和职责外的工作行为。

（二）谦逊型领导对员工主动行为影响的中介作用讨论

（1）角色宽度自我效能的中介作用。本书从主动动机模型出发，提出了谦逊型领导分别通过角色宽度自我效能、情感承诺及积极情绪正向影响员工主动行为的研究假设。研究结果表明，角色宽度自我效能在谦逊型领导与员工主动行为之间起中介作用。当个体在面对谦逊型领导时，角色宽度自我效能会提升，促使自身主动行为的产生。效能感是个体对自己能力的一种主观感受，是个体主观能动性发挥的重要驱动力。在组织中，员工通常把领导作为模仿对象，比如在追求工作绩效时，通常会把领导作为榜样和标尺。因此，领导的榜样作用能有效提升员工在复杂活动中的自我效能感。谦逊型领导能够虚心地向他人学习，对新信息和新观点持有开发的态度，这些都能够激励员工去不断地学习和发展，增强他们面对未来的信心。

此外，谦逊型领导对下属的肯定、鼓励与建议能使下属坚定自己具备完成任务所需能力的信念。特别是当下属犹豫不定时，谦逊型领导的言语鼓励更容易提升下属的自我效能。研究指出，当员工感觉到在组织中自己被倾听、被重视，自身的价值能够体现，他们的角色宽度自我效能就会提高，也更有信心去完成角色外的工作行为。此外，谦逊型领导对他人的赞赏和对自己不足的坦承，不仅能有效降低员工消极情感，增加员工积极情绪，而且还在一定程度上使员工拥有了自主权和控制感，这对员工形成角色自我效能十分重要。研究表明，外界的情境因素会先影响员工的心理认知状态进而影响员工行为。本书认为，谦逊型领导作为一种重要的情境因素，会先影响员工的主动性信念，进而影响员工的工作积极性和主动性。

（2）情感承诺的中介作用。除了角色宽度自我效能，假设检验的结果还表明，谦逊型领导通过情感承诺正向影响员工主动行为。作为一种"自下而上"的领导方式，谦逊型领导能够提升员工的情感承诺，进而促其主动行为的产生。基于依恋理论，在情感上，领导者与父母相似，他们通过对员工的指导、管理、关心和照顾，使其产生对组织的情感依赖和信任。作为一种关爱型领导，谦逊型领导能够增加员工的情感承诺。在交往过程中，谦逊型领导平易近人，尊重和体谅下属，能够满足员工更高层次的精神需求，这样的情感满足会让员工有一种"大家庭里一分子"的感觉，对组织有很强的归属感，从而使员工更容易对组织产生高度的认同和依恋，展现出高水平的情感承诺。

此外，在人际互动过程中，交换双方的一方在得到另一方的帮助或支持之后，为维持和强化这种交换关系，通常会偿还或回报给对方相应的好处。同样在员工与组织的交换关系中，谦逊型领导为员工提供平等、和谐的工作氛围和人际氛围，让员工感受到组织对他们工作能力的认可，对他们需求的关心，从而他们就会表现出较高的情感承诺。因此，根据互惠原则，在高情感承诺的驱使下，员工会更愿意做出有利于组织良性发展的主动行为。所以本书在实证方面进一步验证了情感承诺中介谦逊型领导与员工主动行为之间的关系。

（3）积极情绪的中介作用。本书的实证分析结果显示，除了角色宽度自我效能和情感承诺两个"冷"动机路径外，"热"动机路径，即积极情绪也中介谦逊型领导与员工主动行为之间的关系。谦逊型领导能够激发员工的积极情绪，从而更加积极主动地去承担职责和薪酬以外的工作。研究指出，员工的情感状态可能会受到领导风格的影响，是领导与员工任务绩效之间关系的重要中介变量。谦逊型领导欣赏下属的能力和贡献，给下属一定的发展空间，让下属感受到领导对自己工作能力的肯定，同时也感受到来自组织的支持，这在某种程度上降低了员工的消极情感，增加了员工的积极情绪。

在与员工互动的过程中，谦逊型领导能理解和尊重下属，会主动放低自己，以合适的方式与员工相处，从而使员工在这一过程中对领导者满意，让员工感受到领导对自己的关心，为员工提供了情感上的激励。反过来，随着关注的增加，领导者的谦逊行为会感染到员工，团队成员间的相处模式很可能模仿谦逊型领导对待下属的方式，从而形成一种和谐的人际交往氛围，这种和谐的人际环境会极大地提高员工的工作兴趣和积极情绪。

主动行为往往伴随着风险，是否采取主动行为取决于员工对多种相关因素的分析与衡量，其中不可忽视情感状态的影响。若员工在决策过程中拥有积极情绪，则更愿意以一种积极和客观的心态来分析组织形势，采取主动行为的可能性也就会更大。因此积极的情感体验会加强人们的认知能力和动机，从而促进个体进行创造性思维和提高其解决问题的能力。而且在积极情绪状态的影响下，员工能注意并把握工作中的正面信号而觉得纵有风险也值得一试，弱化了对风险的负面感知，从而更愿意冒风险。积极情绪能显著正向预测员工的主动行为。因此，本书的结果证明，积极情绪与谦逊型领导和员工主动行为之间均存在显著的正相关关系，积极情绪在谦逊型领导与员工主动行为之间起到中介作用。

(三)　谦逊型领导对员工主动行为影响的调节作用讨论

(1)　真实性感知的调节作用。尽管谦逊型领导对员工主动行为有积极的影响，但领导风格的有效或无效往往由一定的情境决定。谦逊型领导是一种非传统的"自下而上"的领导方式，其有效性往往会受到谦逊本身特点的影响。谦逊的最大特点就是放低自我，赞美他人。因此，在谦逊型领导与员工主动行为之间关系中领导谦逊行为真实性感知调节作用的研究具有十分重要的意义。本小节首先对领导谦逊行为真实性感知在谦逊型领导与角色宽度自我效能、情感承诺及积极情绪之间的调节作用进行分析讨论。

本书的实证分析结果显示，领导谦逊行为真实性感知对谦逊型领导与角色宽度自我效能及情感承诺之间关系的调节作用均得到了支持。本书的结果表明，对于真实性感知多的员工，在面对领导展现出的谦逊行为时，会有更强的角色宽度自我效能感和更多的情感承诺。相对地，对于真实性感知少的员工，在面对领导的谦逊行为时，则不会表现出很高的角色宽度自我效能，对组织的情感承诺也会相应减少。这一结果为领导行为有效性的边界条件提供了一个新的视角，即从下属为中心的视角来解读领导行为与员工主动动机的关系。当员工感知到领导的谦逊行为是真实时，他们通常相信自己的领导是值得尊敬和信赖的，是自己学习的榜样，他们通常会认为领导与员工之间的社会距离比较小，相信来自于领导的坦承不足、欣赏他人、平易近人和开门纳谏。正是因为这种行为的真实性，让员工相信自己有能力完成更宽泛的、超出既定要求的工作任务，让员工产生对组织的认同感和归属感。

此外，实证检验的结果还显示，真实性感知正向调节谦逊型领导与积极情绪之间关系假设并未得到支持。得到这样结果的可能原因是，积极情绪是一种情感状态，它是个体对现有状态的一种情感体验，具有相对短暂、易波动的特性，因此，对测量方法有特殊要求。本书对积极情绪测量采用自我报告式测量方法，自我报告式情感测量仅仅反映的是被试受到情境因素影响时一种情感趋势，或被试在测量时的情感状态，因此，被试当时对情境因素感知并不一定会影响到其情感状态变化。在情感测量上，学者们建议采用多时点或日测（Day-level）测量方式，这种测量方式能更加准确地表现出个体真实情感状态，而不仅是一种趋势。

（2）真实性感知的被调节中介作用。研究结果显示，谦逊型领导通过角色宽度自我效能和组织承诺正向影响主动化行为的过程受到真实性感知的调节。该研究结果显示，尽管谦逊型领导是一种积极的领导方式，但对于领导谦逊行为真实性感知低的员工来说，谦逊型领导不仅不能发挥谦逊的促进作用，反而会降低员工对组织的情感依恋，限制他们能力的提升，从而减少其积极主动性。该研究结论对谦逊型领导有效性的认识有一定的指导意义，即谦逊型领导虽能增加员工的安全感，但如果领导不能够展现真实的自我时，领导的谦逊行为不但不能提高反而有可能会降低员工的自信心和认同感，阻碍其进行有风险的尝试，员工往往担心领导者不真实的行为给自己带来的后果。这种担心无疑会提高他们在日常工作中对于领导谦逊行为的敏感性。这种不真实的行为本身会受到员工的格外关注，从而无法激发他们在工作中积极感知，阻碍更多主动行为的产生。并且该结论也进一步拓展了从以下属为中心视角的观点，在强调领导行为的积极作用时，要考虑到员工的心理认知和态度，否则即使是积极的领导方式也不一定会在激发员工积极主动性过程中发挥应有的促进作用。

（四）理论意义

目前，谦逊型领导的研究还处于起步阶段。本书试图通过归纳和实证的方法，明确中国谦逊型领导的维度结构并开发其测量量表，并在此基础上根据依恋理论和主动动机模型，探讨谦逊型领导对于员工主动行为的作用机制及边界条件，研究的理论意义包括以下几点：

（1）本书开发了谦逊型领导的测量量表，拓宽了中国文化情境下领导理论的范畴，为谦逊型领导进一步的实证研究做了工具上的铺垫。领导作为在世界各国都存在的普世现象，其概念内涵及结构维度因文化的不同而存在差异。目前在学术界，谦逊型领导的基本概念和测量方法都来自西方，现实和理论上的差异使得中国文化背景下的谦逊型领导研究不能完全照搬西方的理论和研究。此外，随着管理研究应用于管理实践的呼声越来越高，管理研究回归管理实践也得到了越来越多研究领域的广泛采用。因此，本书根据中国谦逊的特点开发谦逊型领导的测量量表，弥补了谦逊型领导中国本土化测量量表的不足，有助于谦逊型领导研究的深入和发展。

（2）本书探讨了谦逊型领导风格与员工主动行为之间的关系，构建了谦逊型领导通过多动机路径影响员工主动行为的研究模型，揭示了谦逊型领导影响员工主动行为的作用机制，厘清了积极领导行为与员工主动行为之间的关系。在依恋理论基础上，本书通过借鉴主动动机模型，引入角色宽度自我效能、情感承诺和积极情绪作为中介变量，对谦逊型领导影响员工主动行为的复杂过程进行阐述，推进了谦逊型领导与主动行为在理论和实践上的发展。同时，在理论推导基础上，本书采用实验研究和问卷调查研究交叉验证的方法，系统性地检验了谦逊型领导影响员工主动行为的多条动机路径，为未来的谦逊型领导和员工主动行为研究提供了实证依据。

（3）本书分析了谦逊型领导有效性发挥的调节作用，拓展了谦逊型领导边界条件的研究范畴。基于谦逊本身的特点，本书从以下属为中心的视角提出了真实性感知在中介过程中的调节作用，丰富了谦逊型领导与员工主动行为研究的边界条件。以往研究认为，领导者需要具有影响他人的强烈愿望，而这种看法忽视了极其重要的一面，领导的有效性也取决于下属能否接受和如何理解领导者的影响。本书以真实性感知为调节变量，建立第一阶段被调节的多中介模型，详细论述真实性感知如何调节谦逊型领导与角色宽度自我效能、情感承诺、积极情绪以及员工主动行为之间的关系。

（五）实践意义

除了理论意义，本书对于管理实践也具有一定的启示作用，具体包括如下三个方面：

（1）从员工角度来说，本书有助于员工走出"主动困境"，进行主动行为。员工的主动行为不仅对组织在复杂的环境中获得长期发展具有非常重要的作用和意义，而且对于员工自身职业生涯的发展也起着非常重要的作用。进入21世纪后，随着经营理念和管理模式的不断变化与更新，企业对员工的工作要求已经发生了巨大的变化，对企业而言，员工的价值除了他们所拥有的劳动力外，还要能够产生更多有利于组织发展的观点和想法。本书的研究结果可以使员工了解到不同的领导风格，改变他们对谦逊型领导的认知和理解，从而充分利用谦逊型领导赋予的权力和发展空间，提升自我效能，兑现对组织的承诺，以饱满的热情主动地去解决问题、完成任务，承担更多工作岗位和薪酬以外的工作，最终推动组织稳定快速地向前发展。

（2）从管理者角度来说，本书首先有助于管理者对领导风格的重新认识。在竞争激烈的环境中单单依靠领导者个人的能力已经不能满足组织的生存和发展需要，领导者需要认识到自身的不足、肯定他人的能力、虚心接受他人的意见来推动企业的长期发展。本书对中国情境下谦逊型领导的研究以及组织的领导力管理提供了借鉴与参考。其次，本书也有助于管理者了解员工的主动心理过程，更加有效地帮助员工增加对自我能力的信心，让员工对组织产生情感依赖，从而激发员工的积极情绪来促进他们在工作中的积极主动性。最后，本书通过揭示下属对领导谦逊行为真实性感知在谦逊型领导对员工主动行为影响过程中的调节作用，为良好的领导成员关系的建立提供借鉴和参考，使领导者能更好地摆正位置，为员工的主动行为提供更好的支持和帮助。

（3）从企业角度来说，本书对中国谦逊型领导维度结构的探索以及谦逊型领导对员工主动行为影响的动机机制的探讨，为组织在如何增加领导者影响力、激发员工主动行为等方面提供了借鉴和参考。中国是一个强调在人际关系的和谐中建立社会网络关系的国家，这点在管理过程中并非鲜见。特别是处于经济危机时，中国式的领导过程既有与西方式领导过程的相似之处，也有基于本国文化的独特之处。直属上司的管理方式和行为方式在很大程度上影响了企业员工的工作积极性及工作努力程度，积极领导方式的选择，能够增加组织成员对领导的肯定以及对组织的认同，有利于员工积极行为的激发和消极行为的抑制，从而提升组织的整体效能，实现更优的工作绩效，增加企业的竞争力。

（六）局限与展望

本书还存在一定的局限性。首先，在量表开发部分，研究对象主要由员工和部分管理者构成，因此对谦逊型领导评价的普适性可能会产生一定的影响；虽然本书的样本抽样的数量在统计上符合标准，但如果可以增加样本量和批次，研究结论的泛化程度会更强；调查数据属于横截面数据，因而在谦逊型领导与结果变量之间的因果关系上，可能会无法给出完全肯定的答案。其次，在研究假设的实证分析部分，本书虽然在调查数据中采用了配对的收集数据的方法，但在今后的研究中，研究者可以继续采用多时点研究、跟踪研究等方法，对谦逊型领导影响员工主动行为的机制和边界条件进行进一步的验证。除此之外，本书还采用了情景模拟实验和问卷调查研究交叉验证的方法，对研究模型中的中介机制进行了检验，虽然模拟实验和问卷调查进行交叉验证提高了研究结论的内部效度和外部效度，获得稳健的研究结果，但未来研究还可以采用实地实验和问卷调查研究相结合的方法来进一步验证本书的发现，丰富研究模型的实证依据。

第七章 谦逊型领导对员工反馈寻求行为影响的模型构建及实证分析

　　动态和不确定的组织环境增加了员工在工作场所主动性的重要性。反馈寻求是一种积极主动的行为，可以提高员工的工作绩效。研究表明，寻求反馈可以为员工和组织带来一些积极的结果。例如，员工的反馈寻求行为正向影响其工作绩效和工作满意度；CEO 的反馈寻求行为能够提高高管理团队的效力和公司绩效。尽管反馈寻求行为有如此多的好处，但反馈寻求行为是一系列主动工作行为中被报告次数最少的行为。反馈寻求行为往往受到努力成本、面子成本和推理成本的约束。例如，反馈寻求可能会被认为是无能，而接受负面信息可能会损害一个人的形象。考虑到反馈寻求行为的好处和限制，学者和管理者试图找出鼓励员工主动寻求反馈的方法。以往的研究表明，寻求者的特征、目标的特征和情境因素都会潜在地影响反馈寻求行为。由于领导者是向员工提供负面和建设性反馈的重要来源，因此大多数研究都聚焦于领导者的特征如何影响员工的反馈寻求行为。以往的研究已经证实了一些传统的"自上而下"的领导风格，如变革型领导、可信型领导和伦理型领导，对员工反馈寻求行为的积极作用。

　　然而，随着组织环境的动态性和复杂性的增加，领导者想要在高层解决所有问题变得越来越困难。因此，研究者需要将他们的兴趣转移到"自下而上"的领导上，强调员工对领导过程的影响。谦逊已经被定位为促进领导者从事"自下而上"领导的关键因素之一。领导者的谦逊行为，其特征是承认自己的局限性和错误，欣赏员工的长处和贡献，并树立学习的榜样，关注领导对自我发展过程的透明度。以往的研究表明谦逊型领导与员工的任务绩效、自我效能感和建言等正相关。尽管过去的研究已经阐明了领导谦逊行为的价值，但关于谦逊型领导是否以及它究竟如何影响员工寻求反馈的行为的研究，在很大程度上仍未得到探索。一些学者呼吁进行更多的研究，以确定领导的谦逊行为与员工行为的潜在机制和边界条件。

　　本书借鉴了 Bandura（1977）的社会学习理论，认为心理安全是谦逊型领导被员工塑造为榜样的重要解释。社会学习理论假设了认知在调节人类行为中的重要作用，支持大多数外部影响通过中介认知过程影响的行为。谦逊型领导愿意公开承认自己的错误并积极寻求反馈，可以塑造员工对自我雇佣和从事危险行为的可接受性的认知，即心理安全所捕捉到的认知，进而鼓励员工向直接领导征求反馈。此外，社会学习理论认为，个体的内在动机影响学习的发生。减少不确定性是反馈寻求行为背后的重要驱动力。工作不安全感是一种对个人工作前景的主观不确定性，它可能与反馈询问高度相关，因为工作不安全感的员工需要更多的信息来减少工作条件的不确定性。工作不安全感可能会使员工对领导的谦逊行为所引起的心理安全更加敏感，并激发员工向直接领导寻求更多信息的动机。因此，本书提出工作不安全感可能会影响员工心理安全进而向反馈寻求行为转化的程度。接下来，本章节将详细分析心理安全感和工作不安全感在谦逊型领导与员工反馈寻求行为关系中的作用。

第一节 谦逊型领导对员工反馈寻求行为影响的模型构建

一、谦逊型领导与员工反馈寻求行为的关系

反馈寻求行为作为主动性的一种具体行为，是一种自我调节的工具性行为。员工用其来获取自己所需要的信息，它对提高工作绩效、增强自我意识、掌握自己在组织中的命运都有重要的价值。然而，这种行为也包含了显示无能和接受负面或痛苦信息的风险，这些信息会损害一个人的自我效能感。员工保护自我或形象的动机可能会阻止他们从事这样的行为。因此，找出减少员工担忧和增加他们要求反馈倾向的因素是非常必要的。研究者已经找到两种典型策略来激励员工进行反馈寻求行为。首先，员工通过监控获得反馈，即通过观察工作环境中的线索，如他人的反应和人际行为，推断相关的绩效反馈。其次，员工直接询问相关人员的反馈，如领导或同事。与监视相比，直接的口头请求能为员工提供更准确和有效的信息。例如，反馈咨询可以提高员工的创造性绩效，而反馈监控则不能。与之前的大多数研究一样，本书集中于直接询问反

馈。具体而言，我们感兴趣的是发现影响员工的因素，以便从他们的直接领导那里寻求反馈。

大量研究表明，领导者都过分相信自己的能力，从而忽视别人的能力。因此，研究者和管理者对在日益动态、不确定和不可预测的环境中表现出的领导谦逊行为产生了兴趣。谦逊的管理者愿意准确评估自己的优点和缺点，承认自己的错误，寻求反馈，重视他人的优点和贡献。谦逊的管理者不仅重视自己的成长，也会真诚地向员工示范如何通过积极的倾听和学习来发展自我。正如社会学习理论所述，谦逊的管理者可以成为员工的杰出榜样，有意或无意地影响员工的行为。因此，领导者的谦逊行为可以激发员工的反馈寻求行为。

此外，社会学习理论认为个体可以通过观察榜样的行为来学习合适的行为。在工作场所，管理者很可能是角色榜样的来源，因为他们在"威望等级"中排名很高，有能力影响他人的行为和结果。之前的研究也表明，当管理者拥有令人满意的特质时，员工更倾向于模仿他们。例如，表现出正直和关心他人的仆人型领导，通过将他人的需求置于自身需求之上，引导员工学习合适的行为。同样，当道德型领导在与员工互动时表现出社会响应性、真实性和开放性，员工就会从他们身上学习，从而减少知识隐藏。谦逊型领导拥有许多吸引人的特点，使他们具有吸引力和可信度。例如，谦逊型领导的自我超越增强了他们的吸引力，因为他们使成长或发展合法化，并激励员工向他人学习。另外，谦逊型领导欣赏员工的长处和贡献，会让员工觉得自己受到重视和尊重，员工也会觉得谦逊型领导是可信的。Rego 等（2017）论证了通过社会学习过程，团队模仿领导的谦逊行为，从而培养团队心理资本。谦逊型领导为他们的员工树立了榜样。因此，从社会学习的角度，我们提出当员工观察到领导的谦逊行为时，他们更有可能从事、发展和学习行为，寻求反馈行为。

二、心理安全的中介作用

我们预测领导的谦逊行为对员工的反馈寻求行为的影响将通过员工的心理安全来实现。心理安全是个体间以相互尊重和人际信任为特征的心理状态，是指员工舒适地做自己，并不担心承担人际风险的心理状态。心理安全在动态的竞争环境中起着至关重要的作用，它可以促进员工从事组织期望的风险和努力活动，如信息共享和创造力。因此，一些研究者针对如何构建员工心理安全进行了相关研究。他们发现管理者在促进员工心理安全方面起着至关重要的作用。之前的很多研究在社会学习理论的框架下来解释支持性领导与心理安全之间的重要关系。研究者认为，通过提供支持、真正倾听、开放的接纳态度，管理者能够向追随者展示他们的冒险行为是安全的，沟通是真诚的。例如，2018年，Men 等对 78 个团队的 436 名员工样本数据进行分析，分析的结果表明，当员工追随表达真实、开放和人际信任的道德型领导时，他们的心理安全感会得到提升。同样，共享型领导使得领导权威在团队成员之间扩散，所有团队成员都可以作为他人行为的模范，从而产生更高层次的心理安全。基于这些研究，我们认为谦逊型领导会促进员工的心理安全，原因如下：

首先，谦逊型领导有正确的自我认知，并乐于承认自己的局限性和弱点。谦逊的个体会积极地从他人那里收集信息，以理解和完善自我。当员工观察到领导的这些行为时，他们会意识到自己表现出来的缺点是可以接受的，谦逊型领导能够理解和接受自己的错误，从而感知到安全，不怕表现出自己的能力不足。其次，谦逊型领导不仅强调自身的成长，也让员工的学习和发展合法化。具体来说，他们塑造了教育能力，以培养一个安全的工作环境。在这个环境中，员工可以回应自己的经验不足、发展差距和错误。当员工观察到谦逊行为得到规范或保证时，他们的焦虑和评价忧虑就会降低。此外，谦逊型领导欣赏员工的优点和贡献，这有利于领导—员工关系的质量和稳定性。与谦逊型领导互动，员工会觉得自己受到重视、尊重和支持。这种积极的关系会让员工感到舒适，并有信心在他们需要的时候得到有价值的帮助。积极的领导—员工关系与心理安全正相关。据此，提出假设 1：

假设 1：谦逊型领导与员工心理安全正相关。

在领导和追随者之间寻求反馈是一种危险的互动。心理安全使员工相信他们可以掌控自己，不怕受到负面影响而承担风险。在心理安全的环境中，员工会对自身能力的发展、新技能和知识的学习以及良好的绩效表现感到放心。当他们在工作中感受到更大的自由感，并感到受到组织的支持和信任时，他们更有可能释放焦虑，较少关注因冒险而可能产生的尴尬或惩罚。以往的研究表明，心理安全会促进员工进行冒险行为，如建言、将最初的信任扩展到新同事。同样，我们预期心理安全会刺激员工的反馈寻求行为。据此，提出假设 2：

假设 2：心理安全与反馈寻求行为正相关。

结合以上观点，心理安全可以成为谦逊型领导与员工反馈寻求行为之间的桥梁。根据社会学习理论，行为学习是通过观察发生的。当员工经常观察到谦逊型领导承认他们的局限性，具有可教性，并合法化他们的成长，他们就会有心理安全感，从而在工作中大胆表现，无惧风险。反过来，这种认知又促使员工向谦逊型领导学习，寻求反馈。这与社会学习理论中的"刺激—机体—反应"框架一致，据此，提出假设3：

假设3：员工的心理安全中介谦逊型领导与员工反馈寻求行为之间的关系。

三、工作不安全感的调节作用

以上论证说明领导的谦逊行为和心理安全是员工反馈寻求行为的重要前因变量。心理安全为员工提供了支持反馈寻求的外部环境，然而，它并没有提供寻求反馈的内在条件。社会学习理论认为，对观察到的行为进行模仿和执行需要个体的内在动机。因此，仅靠谦逊型领导促进员工心理安全可能不足以鼓励员工寻求反馈。现有研究表明，减少不确定性是反馈寻求行为背后的重要驱动力。然而，以往研究大多侧重于任务和角色的不确定性，忽略了工作持续和工作条件的不确定性，即工作不安全感。因此，我们引入工作不安全感作为心理安全有效性的重要边界条件。工作不安全感是指员工感知到的对当前就业形势的连续性和稳定性的威胁，而产生的无力感和失控感。工作不安全感不同于失业，它代表了一种主观的不确定性，对工作延续或工作条件的威胁可能在未来发生，也可能不会发生。由于员工对相同工作条件的不同理解，他们的工作不安全感程度也可能不同。工作不安全感在相关员工主动行为的文献中被强调为一个情境调节因素。有的研究发现，在工作不安全感较高的背景下，敬业的员工有更强的减少不确定性的需求。因此，他们更倾向于身体和关系的工作，以确保一个更好的人与环境相适应。另一项研究发现，当员工的工作不安全感较低时，疲惫不堪的员工更有可能创造社会资源。此外，工作不安全的员工会更重视组织支持，组织支持与情感承诺之间的正相关关系也会更明显。

在本书中，我们预期心理安全会鼓励高工作不安全感的员工从领导那里寻求更多的反馈。工作不安全感提高了反馈寻求行为的价值或必要性。在工作不安全感的背景下，员工不确定自己在当前组织中的未来，只有当员工想要保留他们当前的组织身份时，才会出现工作不安全感。因此，他们需要更多的信息来了解自己的情况，并积极地采取应对行动，而不是等待失业的发生。反馈寻求行为可以向员工提供他们的工作是否符合绩效标准以及他们的行为是否合适的信息。因此，我们预期心理安全与工作不安全感会共同作用，对反馈寻求行为产生影响。具体来说，当员工感受到更高程度的工作不安全感时，他们会更有动力去减少不确定性，也会对减少不确定性相关的信息更敏感。因此，他们更有可能获得心理安全的好处，并向领导询问信息，而领导在很大程度上决定了他们是否继续受雇。因此，高工作不安全感的员工心理安全问题更加突出，员工更倾向于鼓励反馈寻求行为。相反，当对工作不安全感的担忧较低时，员工的不确定性减少，对自己的工作有更大的控制权，寻求反馈的需求很弱。即使他们在心理上不安全的环境中工作，他们从内在动机上也较少从领导那里寻求信息。据此，提出假设4：

假设4：工作不安全感调节心理安全和反馈寻求行为之间的关系，在高工作不安全感的员工中，正向关系更为显著。

综合以上假设，我们可以合理地预测，工作不安全感会有条件地影响谦逊型领导与员工反馈寻求行为之间的间接关系的强度，从而证明变量之间存在被调节中介模式。高工作不安全感强化了心理安全在谦逊型领导与反馈寻求行为之间的中介作用，从而放大了这种间接关系。具体而言，当员工感知到工作条件的不确定性时，更倾向于重视反馈寻求行为。因此，具有心理安全感的员工，在工作不安全感较高的情况下，更容易在谦逊型领导的监督下激活寻求反馈的需求。相比之下，工作不安全感低的员工对自己的工作有更大的控制权，对反馈的需求比较少。因此，谦逊型领导所促进的员工心理安全对其寻求反馈行为传递的影响较小。据此，提出假设5：

假设5：工作不安全感调节心理安全在谦逊型领导与反馈寻求行为之间的中介作用，具体来说，对与高工作不安全感员工而言，心理安全在谦逊型领导对反馈寻求行为之间的中介作用更强。

四、模型结构

本章根据社会学习理论，首先，探讨谦逊型领导影响员工反馈寻求行为的内在作用机制，提出了3个假设。假设1：谦逊型领导与员工心理安全正相关；假设2：心理安全与反馈寻求行为正相关；假设3：员工的心理安全中介谦逊型领导与员工反馈寻求行为之间的关系。

其次，构建第二阶段被调节中介模型，探索谦逊型领导影响员工反馈寻求行为的边界条件，提出2个假设。假设4：工作不安全感调节心理安全和反馈寻求行为之间的关系，在高工作不安全感的员工中，正向关系更为显著；假设5：工作不安全感调节心理安全在谦逊型领导与反馈寻求行为之间的中介作用，具体来说，对与高工作不安全感员工而言，心理安全在谦逊型领导对反馈寻求行为之间的中介作用更强。综合以上所有假设，本书构建了谦逊型领导影响员工反馈寻求行为的研究模型，模型结构如图 7-1 所示。

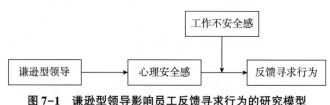

图 7-1 谦逊型领导影响员工反馈寻求行为的研究模型

第二节 谦逊型领导对员工反馈寻求 行为影响的研究设计

一、分析策略

由于本章的假设是在个体层面提出的，因此所有研究变量均被视为个体层面的因素。然而，由于一个领导对 3～4 名员工提供了反馈寻求行为的评估，因此数据可能缺乏独立性。我们首先通过计算组内相关系数 ICC1 来检验反馈寻求行为的非独立性程度。一般认为，如果 ICC1 的值大于 0.12，就认为数据不具独立性。分析结果显示数据不具有独立性（ICC1=0.26；χ^2=158.43，df=74，p<0.001）。因此，本书遵循 Preacher 等（2010）的建议，采用多级结构方程建模（MSEM）和 Mplus 7.4 的 Robust 极大似然估计对我们的模型进行检验。该方法修正了测量误差引起的衰减，并将变量的方差分解为其潜在的组内和组间变量，避免了不同层次的结果合并。

二、样本和程序

所有被试都是通过网络和中国 10 所大学的校友网络招募的。我们首先向在工作场所至少有 3 名员工的领导发出邀请。在邀请函中，我们描述了一般的研究目的和数据收集流程，包括要求邀请 3~5 名直接向他们汇报并经常与他们互动的员工来完成调查。我们还强调，他们的所有回答都将保密，调查结果将直接返还给研究小组，从而消除了他们担心自己的回答会被组织惩罚的担忧。为了获得更多的样本并增加外部效度，本书遵循以往研究，采用了滚雪球抽样法。我们要求领导在他们的专业网络中将邀请函转发给其他领导，并为他们招聘的领导和员工提供联系信息。为了鼓励参与，所有参与者平均获得 25 元的奖励。此外，最后，我们承诺提供本书的结果和意义作为进一步的参与激励。最初，有 87 名领导和 355 名员工同意参与调查。然后，我们对他们进行了两组调查（一组是针对领导的调查，另一组是针对员工的调查）。为了提高数据质量，我们在他们填写问卷前，额外强调了以下问题。首先，这项调查是匿名的，并且是匹配的，因此每个参与者都应该正确填写分配给他们的身份证号码。其次，对于调查问题没有正确或错误的答案，所有的参与者都要提供最真实的答案，否则会影响研究的效度和信度。

在剔除不完整的答案和不匹配的数据后，最终样本由 75 名领导和 241 名员工组成，领导样本的有效回复率为 86.21%，员工样本的有效回复率为 67.89%。样本来自制造业（39.83%）、服务业（28.22%）、广告业（10.79%）、银行业（6.22%）、教育行业（4.98%）和其他行业（9.96%）。领导中，男性占 69.44%，平均年龄 33.83 岁（SD=5.46），59.75%的领导具有本科及以上学历。员工中，男性占 56.40%，平均年龄 28.90 岁（SD=5.62），本科及以上学历占 48.54%。

第三节　谦逊型领导对员工反馈寻求行为影响的检验分析

一、描述性统计分析

表 7-1 显示了核心研究变量的均值、标准差、相关性和可靠性。谦逊型领导与心理安全（r=0.38，p<0.01）、反馈寻求行为（r=0.15，p<0.05）正相关。心理安全与员工反馈寻求行为正相关（r=0.22，p<0.01）。

表 7-1 均值、标准差、相关系数、变量的 α 值

	M	SD	1	2	3	4	5	6	7	8	9	10	11	12	13
1. 年龄	28.90	5.62													
2. 性别	1.44	0.49	0.02												
3. 虚拟变量 1	0.24	0.43	0.01	0.04											
4. 虚拟变量 2	0.27	0.45	0.00	-0.05	-0.34**										
5. 虚拟变量 3	0.38	0.49	-0.08	0.02	-0.43**	-0.48**									
6. 工作年限	6.64	4.47	0.76**	0.05	0.35**	0.12	-0.23**								
7. 总工作年限	2.29	1.47	0.24**	-0.09	0.12	0.09	-0.13*	0.30**							
8. 变革型领导	3.45	0.58	0.07	-0.02	0.07	-0.01	-0.05	0.12	-0.10	(0.94)					
9. 主动性人格	3.37	0.74	0.09	-0.05	0.08	0.05	-0.13*	0.09	0.11	0.26**	(0.82)				
10. 谦逊型领导	3.65	0.69	0.09	0.00	0.00	-0.10	-0.01	0.03	-0.07	0.28**	0.04	(0.92)			
11. 心理安全	3.64	0.72	0.08	-0.02	0.09	-0.10	-0.02	0.07	-0.04	0.20**	0.18**	0.38**	(0.73)		
12. 工作不安全	2.40	0.81	0.20**	0.03	-0.01	0.07	-0.03	0.13*	0.05	0.04	0.08	0.05	-0.16*	(0.79)	
13. 反馈寻求	2.69	0.75	-0.16*	0.02	0.05	0.04	-0.07	-0.08	0.04	0.17**	0.21**	0.15*	0.22**	0.11	(0.84)

注：沿对角线的圆括号中的值是克朗巴赫的 α 值。性别编码：男性为 "0"，女性为 "1"。学历分类为：虚拟变量 1=高中及以下，虚拟变量 2=大专学历，虚拟变量 3=本科学历；参考组为硕士或以上。* 表示 $p<0.05$，** 表示 $p<0.01$，*** 表示 $p<0.001$。

二、量表的信度与效度分析

本书利用 Mplus 用验证性因子分析（CFA）的方法对研究中的主要变量的区分效度进行验证（见表 7-2）。当加载所有项目到相应的潜在结构时，CFA 模型未能聚合，因为它超过建议的参数估计样本量率较高，为 1∶5。因此，本书利用打包的方法来估计 CFA 模型。具体来说，根据因子分析的结果，本书创建了三个平衡的打包结构测量超过三项，即谦逊型领导、工作不安全感和反馈寻求行为。分析结果表明，四因素模型对数据的拟合度明显优于其他几种模型（$\chi^2 = 210.25$，df = 114，CFI = 0.94，TLI = 0.93，RMSEA = 0.06）。各因子负荷均显著，其中谦逊型领导的因子负荷为：0.91~0.93，心理安全为：0.49~0.90，反馈寻求行为的因子负荷为：0.72~0.94，工作不安全感的因子负荷为：0.65~0.87。

表 7-2　验证性因子分析

模型	因子	χ^2（df）	CFI	TLI	SRMR	RMSEA	$\Delta\chi^2$（Δdf）[a]
模型 1	4：LH、PS、FSB 和 JI	210.25（114）	0.94	0.93	0.08	0.06	
模型 2	3：LH+PS、FSB 和 JI	412.91（117）	0.82	0.80	0.12	0.10	202.63（3）***
模型 3	2：LH，PS+FSB+JI	765.98（119）	0.60	0.56	0.16	0.15	555.73（5）***
模型 4	1：LH+PS+FSB+JI	979.76（120）	0.47	0.42	0.19	0.17	769.51（6）***

注：a 卡方检验的差异在于每个模型反映了其偏离模型，LH 为谦逊型领导，PS 为心理安全感，FSB 为反馈寻求行为，JI 为工作不安全感，*** 表示 $p<0.001$。

虽然本部分采用多源设计，但员工反映的领导谦逊行为、心理安全和工作不安全感可能会造成共同方法偏差。根据以往研究对共同方法偏差问题的处理方法，本书采用 Harma 单因素测试来解决这个问题。所有研究变量均采用非旋转主成分分析法进行探索性因子分析。如果共同方法偏差是一个显著的问题，探索性因子分析将产生一个单一的因素，并解释研究变量之间的大多数方差。分析结果表明，有 4 个特征值大于 1.0 的因子，一个因子可解释总方差的 29.20%。因此，Harma 的单因素检验提供了实证支持，共同方法偏差在本书中并不是一个严重的问题。

三、心理安全感的中介效应检验

图 7-2 描述了整个研究模型的 MSEM 分析结果。所有的分析结果都是在控制变量得到控制后获取的。员工的年龄（$\beta = -0.06$，$SE = 0.02$，$p < 0.01$）、性别（$\beta = 0.02$，$SE = 0.10$，$p > 0.05$）、dummy1（$\beta = -0.37$，$SE = 0.27$，$p > 0.05$）、虚拟变量 2（$\beta = -0.24$，$SE = 0.22$，$p > 0.05$）、虚拟变量 3（$\beta = -0.25$，$SE = 0.02$，$p > 0.05$）、任期（$\beta = 0.03$，$SE = 0.02$，$p > 0.05$）、二元任期（$\beta = 0.04$，$SE = 0.04$，$p > 0.05$）、主动性人格（$\beta = 0.16$，$SE = 0.07$，$p < 0.05$）和变革型领导（$\beta = 0.10$，$SE = 0.11$，$p > 0.05$）。为了评估整体研究模型的模型拟合改进程度，我们使用了 Akaike 信息准则（AIC）和 Kline（2011）提出的样本大小调整贝叶斯信息准则（BIC）。其中数值越低，模型拟合度越好。与原模型相比，研究模型具有更好的拟合指标（差异 $AIC = 36.15$；差异调整 $BIC = 68.23$）。如预期的那样，谦逊型领导与心理安全正相关（心理安全 $= 0.31$，$SE = 0.08$，$p < 0.001$），心理安全与反馈寻求行为正相关（心理安全 $= 0.23$，$SE = 0.10$，$p < 0.05$）。因此，假设 1 和假设 2 得到支持。

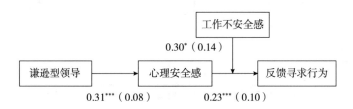

图 7-2　多层结构方程模型结果

注：括号中以标准误表示非标准化系数，为了清晰起见，控制变量路径没有画出来；＊表示 $p < 0.05$，＊＊表示 $p < 0.01$，＊＊＊表示 $p < 0.001$。

为了检验心理安全的中介作用，本书采用 Preacher 等（2010）的方法，用 20000 次重复的蒙特卡洛模拟来应对采样分布不服从正态分布的问题。分析结果表明，谦逊型领导通过员工心理安全对员工反馈寻求行为的间接影响为 0.07，95% 置信区间为 [0.01，0.16]。假设 3 得到了支持。

四、工作不安全感调节效应实证检验

假设 4 预测工作不安全感调节心理安全与反馈寻求行为之间的关系。为了检验假设 4，本书使用 Klein 和 Moosbrugger（2000）提出的数值积分技术构建了心理安全与工作不安全的潜在交互项。如图 7-2 所示，心理安全与工作不安全感对反馈寻求行为的交互作用显著（心理安全 = 0.30，SE = 0.14，95% CI [0.03，0.58]，p<0.05）。为了便于解释，本书使用 Preacher 等（2006）的在线计算器绘制了双向交互作用效果。该计算器可以生成包含每个简单斜率上、下值的 R-code，我们使用这些值绘制交互作用效果图。如图 7-3 所示，工作不安全感越高的员工，心理安全与反馈寻求行为的正向关系越强。工作不安全感高的员工的简单斜率（即一个标准差以上平均值）是显著的（z = 1.19，t = 2.20，p<0.05），而工作不安全感低的员工的简单斜率（即一个标准差低于平均值）并不显著（z = 0.71，t = 1.89，p > 0.05）。因此，假设 4 得到支持。

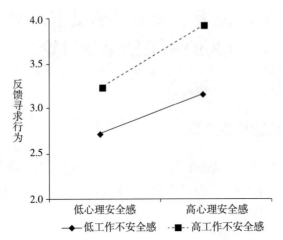

图 7-3　工作不安全感在心理安全和反馈寻求行为之间的调节作用

假设 5 预测工作不安全感调节心理安全在谦逊型领导与反馈寻求行为之间的中介作用，具体来说，对于高工作不安全感员工而言，心理安全在谦逊型领导对反馈寻求行为之间的中介作用更强。本章利用 Haye（2015）的方法检验假设 5。分析结果显示，谦逊型领导通过员工心理安全影响员工的反馈寻求行为的间接作用，显著被工作不安全感调节（β = 0.09，95% CI [0.001，

0.19])。本书进一步检验在两个工作不安全感值（即高于均值一个标准差和低于均值一个标准差）下，谦逊型领导通过心理安全对员工反馈寻求行为的条件间接效应。表7-3的结果显示，当员工工作不安全感较高时，谦逊型领导通过心理安全对反馈寻求行为的间接影响显著（β = 0.15，95% CI［0.02，0.27］）；而当员工工作不安全感较低时，间接影响不显著（β = -0.003，95% CI［-0.09，0.09］）。因此，假设5得到了支持。

表7-3　谦逊型领导对工作不安全感的被调节中介效应

调节变量	水平	反馈寻求行为	
		有条件的间接效应	修正95% CI
工作不安全感	低（-1 SD）	-0.003	［-0.09，0.09］
	高（+1 SD）	0.15	［0.02，0.27］

注：N = 241. CI = 置信区间，SD = 标准差。

第四节　谦逊型领导影响员工反馈寻求
行为的相关结果及讨论

一、假设检验结果总结

本小节对本章提出的谦逊型领导对员工反馈寻求行为影响的5个假设的检验结果进行汇总，表7-4为假设检验汇总结果。从表7-4可以看出，本章提出的5个假设均得到了支持。

表7-4　谦逊型领导对员工反馈寻求行为影响的假设检验结果汇总

	假设	结论
假设1	谦逊型领导与员工心理安全正相关	支持
假设2	心理安全与反馈寻求行为正相关	支持
假设3	员工的心理安全中介谦逊型领导与员工反馈寻求行为之间的关系	支持
假设4	工作不安全感调节心理安全和反馈寻求行为之间的关系，在高工作不安全感的员工中，正向关系更为显著	支持

假设5	工作不安全感调节心理安全在谦逊型领导与反馈寻求行为之间的中介作用，具体来说，对与高工作不安全感员工而言，心理安全在谦逊型领导对反馈寻求行为之间的中介作用更强	支持

二、讨论

谦逊型领导对反馈寻求行为影响的分析有助于我们进一步理解领导特质对员工反馈寻求行为的影响。该部分借鉴社会学习理论，构建并检验了一个被调节的中介模型来解释领导的谦逊为何以及何时影响员工的反馈寻求行为。与本书的假设一致，调查的结果表明，谦逊型领导会通过增强员工的心理安全来鼓励员工寻求反馈。此外，工作不安全感是谦逊型领导有效性的重要边界条件，即谦逊型领导对高工作不安全感员工反馈寻求行为的影响更强。谦逊型领导对反馈寻求行为影响的检验分析结果具有一定的理论和实践意义。

（1）谦逊型领导对员工反馈寻求行为的影响分析对现存的反馈寻求行为研究提供了三个有价值的启示。首先，研究结果表明，谦逊型领导与员工的反馈寻求行为正相关，丰富了对目标特征在反馈寻求行为中的作用的理解，也符合领导与员工主动行为相联系的趋势。由于领导是反馈的重要来源，以往的研究主要集中在传统的"自上而下"领导风格对反馈寻求行为的影响上，如变革型领导、真实型领导和伦理型领导，本书以谦逊型领导作为员工反馈寻求行为的预测者，可以将研究者的注意力转移到"自下而上"的领导风格上，这对于培养员工主动学习他人的态度，帮助他们应对挑战十分关键。其次，我们挖掘谦逊型领导与员工反馈寻求行为之间的重要心理机制，也是对近来众多研究者呼吁对谦逊型领导与员工行为之间的内在机制和边界条件进行研究的一种回应。根据社会学习理论，谦逊型领导是良好的角色榜样，能够使员工认识到自己的局限性，对自己有一个正确的自我意识，对与员工积极发展自我的态度给予正当的支持，从而为员工创造一个寻求反馈的安全的心理环境。最后，我们通过识别工作不安全感作为一个关键的调节因素，对提高领导谦逊行为有助于员工反馈寻求行为的条件的现有知识方面做出了贡献。本书发现，员工的工作不安全感决定了领导谦逊行为对心理安全的积极作用对反馈寻求行为的传递程度。具体来说，对于工作不安全感高的员工，由于员工在不确定的工作环境中会更加重视反馈寻求行为，领导的谦逊行为对反馈寻求行为的正向间接作用会被放大。

（2）谦逊型领导对员工反馈寻求行为的影响分析对管理实践有一定的价值和意义。首先，本书提倡领导者要谦逊。研究结果证实了领导的谦逊行为对员工心理安全和反馈寻求行为的积极影响。因此，为了在动态、不确定、复杂的工作环境中激发员工的主动性，组织应该更加重视领导的谦逊。一些人力资源实践可以用来鼓励领导者在与员工互动时表现出谦逊。例如，组织在对管理者进行培训的时候，可以让他们了解谦逊型领导对于提高他们的工作效率的重要性，并向他们提供谦逊型领导的具体行为。同样，当选择管理者时，组织可以将谦逊作为一个重要标准。除了强调技术和行为技能，组织应该在管理者中培养适当的自我概念和身份，例如加强或激活管理者的增量自我和关系识别。其次，心理安全是谦逊型领导对员工反馈寻求行为的正向作用的重要机制。这表明，组织应该采取措施，为员工提供心理安全的环境。例如，支持性组织实践。组织支持、指导和多样性实践与员工的心理安全感知都呈正相关关系。此外，组织还可以通过设计更多自主、相互依赖和角色清晰的工作，以及提供积极领导和员工关系的培训，来建立员工的心理安全。最后，工作不安全感在心理安全与反馈寻求行为之间的调节作用表明，领导应注意员工对工作环境的感知。不安全感或不确定性可能会产生恐惧和威胁的感觉，这可能会激活员工内心的不稳定因子从而使其退出工作。因此，组织应特别注意对工作不安全感较高的员工表现出谦逊。在努力鼓励工作不稳定员工的反馈寻求行为时，管理者应该表现得更谦逊，例如示范下属如何积极看待缺点，表现出对评论的开放态度，增强下属的心理安全感，减少下属对这种主动行为的负面后果的担忧。

（3）局限与未来展望。尽管本书构建的谦逊型领导对员工反馈寻求行为影响研究模型有一定的贡献，但仍应考虑其局限性和未来研究的方向。首先，假设联系的因果关系会被横断面数据和共同方法偏差夸大。由于调查数据的横断面性质，我们不能可靠地确定变量之间因果关系的方向。然而，我们对期望关系的理论论证是基于社会学习理论和以往的文献。虽然因变量由领导来评估，但预测因子、中介因子和调节因子同时由员工来评估。因此，存在共同方法偏差的可能性。为了减少这种风险，我们在数据收集过程中遵循 Podsakoff等（2003）的建议，包括确保机密性和强调调查问题没有正确或错误的答案。此外，共同方法偏差检验表明共同方法偏差的潜在影响并不是本书的主要问题。尽管如此，未来的研究应该通过采用滞后的、纵向的或实验性的设计来解决这些问题。

其次，本书构建的谦逊型领导对反馈寻求行为影响研究模型关注领导的谦逊行为对反馈询问的影响，忽视了反馈类型。本书保持这一关注点有其重要性和合理性。谦逊是在社会交往中表现出来的一种人际特征。员工模仿如何在与他人的互动中成长，比如承认自己的弱点，并积极寻求反馈。因此，在此模型中，向谦逊的领导者学习，员工反馈询问（即与领导者的互动）更有可能受到激励。特别是工作不安全感高的员工，需要领导对其行为进行准确的评估，以提高其绩效，从而降低失业和工作环境恶化的风险。我们邀请领导报告员工的反馈寻求行为。与监控相比，反馈询问是一种更加公开和可观察的行为，因此领导者可以轻松准确地报告。此外，对于正面或负面反馈而言，我们构建的谦逊型领导对反馈寻求行为影响研究模型可能会掩盖反馈询问与领导谦逊之间潜在的差异联系。由于我们在测量中没有明确表达反馈类型的意图，所以领导很难知道应该提供哪种类型的反馈。因此，当领导报告员工寻求反馈的频率时，他们可能会考虑自己提供的积极反馈和消极反馈。因此，为了更深入地理解反馈寻求行为，建议未来的研究探索反馈的类型，特别是积极反馈和消极反馈的区别。反馈寻求是一个复杂的目标导向过程，寻求者需要考虑与形象或自我相关的工具价值和成本。然而，寻求负面反馈可能更加复杂，因为负面反馈可能会伤害寻求者的自尊，使他们的局限性更加明显。领导的谦逊行为可能会对消极反馈寻求行为产生更强的影响，因为它使员工的成长合法化，并建立支持性的领导者—追随者关系。因此，员工对形象或自我的关注较少。

再次，基于社会学习理论，本书研究了心理安全作为领导谦逊行为与反馈寻求行为之间的作用机制。然而，二者之间还可能存在其他潜在的机制。例如，在关系情境下，谦逊型领导倾向于与员工建立高质量的关系（即高LMX），这是员工反馈寻求行为的显著预测因子。因此，在未来的研究中，鼓励从不同的理论视角探索其他机制。

又次，在本书构建的谦逊型领导对反馈寻求行为影响研究模型中，只考察了工作不安全感的调节作用，即员工对组织环境的感知对领导谦逊行为与员工反馈寻求行为的影响。未来的研究可从工作特征和领导—员工关系（如任务冲突和关系认同）的角度拓展可能的边界。

最后，通过中国不同行业的数据验证了本书的研究结果，在中国语境下具有较好的概括性。然而，结果可能不适用于其他文化设置，在多元文化背景下检查本书的模型将提供更有力的解释。

第八章　组织如何帮助员工
走出"主动困境"

第一节　转变领导风格以激发员工主动性

一、谦逊企业文化的培养

在前面的章节中，首先，本书采用半结构化访谈和问卷调查的方法开发了谦逊型领导量表。其次，基于依恋理论和主动动机模型，构建了谦逊型领导对员工主动行为影响的研究模型，提出了 13 个假设，采用实验研究和问卷调查研究交叉验证的方法对提出的 13 个假设进行了检验。最后，基于社会学习理论，构建了谦逊型领导对员工反馈寻求行为影响的研究模型，提出了 5 个假设，采用问卷调查研究的方法对提出的 5 个假设进行了检验。接下来，本章将在这些研究结果的基础上，从领导风格的转变、员工主动动机、心理安全的关注、领导行为有效性管理四方面对企业的管理机制提出策略建议。

从本书探索出的谦逊型领导的结构特征中可以看出，谦逊型领导能够平易近人、有正确的自我认知、善于学习并倾听员工的真实意愿，并采纳其中合理的意愿诉求和建议。这样的管理者向员工展示了其人性化的一面，强调了其对员工职业生涯发展和组织目标实现的重视程度，能够对员工的价值观产生积极的影响。同时，本书的实证检验结果显示，员工的主动性受谦逊型领导直接或间接的影响。主动行为能够给企业带来很多积极效应，对组织在动荡和复杂的环境中获得长期发展具有非常重要的作用和意义。谦逊型领导重视员工在领导过程中的作用，从而有助于员工在工作中产生主动性。从本书的研究结果以及前人的研究结论来看，在不考虑其他人因素的影响下，谦逊型领导风格能够更好地培养和促进员工的主动性。

如今，全球市场的商业问题越来越复杂，没有人能做到无所不能。谷歌的前人力资源副总裁拉兹洛·博克提出，谦逊是对管理者进行考察的重要指标之一，谦逊不仅是给别人发展的机会，也是对自己学识的谦逊。没有这种谦逊，人就无法进步。谦逊对于维持成功至关重要，它会时刻提醒自己不要沉浸在以往成功的喜悦和荣誉中。然而，由于受到谦逊本身特征的影响，现实中领导者要做到谦逊往往需要很大的勇气，因为有时领导的这种"无私"的谦逊行为会被误认为是软弱。因此，企业要发挥谦逊对企业领导力的影响，通过营造一种谦逊的企业氛围来增加管理者谦逊的勇气，鼓励大家互相学习，提升员工对管理者的信任度，使员工对企业更有归属感。企业文化是企业上下共同遵守的一种理念和行为规范，是一种企业倡导。具有特色、积极向上的企业文化在提升员工的工作积极性、凝聚力和向心力等方面，有着不可估量的巨大作用。在组织的管理实践中，管理机构可以从文化、制度等多个方面进行谦逊企业氛围的培养和营造，具体措施如图8-1所示。

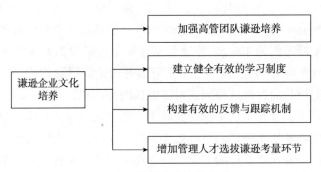

图8-1 谦逊企业文化培养

（一）加强高管团队谦逊培养

在组织中，位于管理顶层的高管团队会直接影响到中层和底层管理者的领导方式和价值取向，最终影响到员工的态度和行为。因此，企业CEO要率先摒弃传统的专制独权的管理方式，加强对高管团队的谦逊培养，快速提高企业领导的整体谦逊水平。通过强化高管团队的学习和培训，促使其重视谦逊行为给员工带来的积极影响，引导其加强谦逊品质的提升。组织可以建立一个导师系统来加强领导与员工之间的互动。在导师系统中，每一个高级管理者都会被指派与 3~5 位员工联系，要求每个高级管理者经常与指派的员工互动，例如，邀请员工一起共进晚餐或参加活动，等等。这种导师负责系统，是在组织内部分享价值观的一种很好的途径。

此外，领导也可以通过做一些无关紧要的工作来培养自己和团队的谦逊，例如，在组织中，管理者尽可能地去做一些技术上低于自己薪酬等级的琐碎工作，这样做不仅表明领导认为自己和其他员工一样，还表示领导真的致力于团队的成功和组织的发展。当员工看到领导在做这些事时，员工会受到感染进行效仿，进而提升整个团队和组织的谦逊水平。管理者还可以花一些时间来完成员工的实际工作，这样做不仅可以带给自己不一样的工作视角，让自己更好地了解员工的实际工作情况，而且还可以创造出所谓的道德高度，当员工看到领导在做自己的工作时，会产生一种温暖的感觉。

（二）建立健全有效的学习制度

企业要紧密联系企业与员工的实际，有针对性地加强企业内部的学习机制，为员工营造公平的组织环境，使员工感觉到学习的组织氛围，从而营造谦逊的企业氛围。印度塔塔钢铁公司（Tata）开创了一个"知识旅程"的项目，在组织内部建立了一个每个人都要参与的知识管理运作系统，每隔几个月，管理部门召集不同部门的 40~50 名员工参与聚会，聚会的方式通常是大家在一定的时间内（3~4 小时），围绕一个话题展开讨论。讨论的话题可以非常具体也可以非常宽泛，通过将这种问题讨论方式的常态化，在公司内部促成解决问题模式的一致化，让每个员工都受到鼓励，都能从一定的高度上思考问题。其他的企业可以借鉴塔塔公司的这些做法来营造企业的积极学习氛围。

除了知识管理运作系统的考虑，企业还可以通过积极、科学的引导促进组织内部的相互学习，如通过组织户外活动推广谦逊行为，提倡"三人行，必有我师焉"的企业文化，加强管理者与员工之间的相互学习，正向激励企业中的谦逊行为，从而正向加强谦逊行为带来的建设性作用。在相互学习的过程中，有利于领导与员工的自我反思、自我认知和自我定位，从而认识到自身的不足。在学习的氛围中还可以加深彼此之间的了解，产生高质量的领导成员交换关系，这些都有利于提高员工的积极性和主动性，推动组织的不断发展。

（三）构建有效的反馈与跟踪机制

谦逊型领导愿意倾听员工的心声，并积极采纳员工的合理性意见和建议，这样的领导方式能够激发员工在工作中的积极性和主动性。在管理实践中，管理者可以通过构建有效的反馈与跟踪机制，来帮助员工积极主动地进行有益于组织发展的行为。这在提升员工主动工作积极性的同时，也营造了有利于企业的谦逊氛围。组织可以尝试根据以下流程进行反馈与跟踪机制的构建，首先，成立反馈意见接收小组，为了确保反馈意见的有效性而不流于形式，企业要求每个部门推选 2~3 名人员专门负责反馈意见的定期收集；其次，由反馈意见接收小组对员工所提出的建议进行定期汇总，并召开例会进行意见的可行性和合理性讨论；再次，通过内部 OA 系统或其他公开方式对员工建言采纳的情况进行一定反馈。与此同时，依据员工提出建议对组织的贡献度，给予相应奖励；最后，及时落实和跟踪已采纳的建议，实现其最终效果和在实践中的贡献。

（四）增加管理人才选拔的谦逊考量环节

在选拔管理人才时，组织可以通过对谦逊相关问题测量的方式获取管理者在谦逊表现方面的相关信息，争取将有谦逊品质和倾向的人员安排在管理层中，促进谦逊行为积极影响的产生和扩大。例如，沃顿商学院的格兰特教授在管理人员面试的过程中，增加了与谦逊相关的两个问题：①"你认为，你目前的成功应该归功于谁？"在同候选人回答问题时，注意他/她是否经常使用诸如"我"这样的词。还要注意那些假装的谦逊，真正的谦逊很难表演出来，一个真正谦逊的人能够给人留下深刻的印象；②"在你的职业生涯中，你认为从谁那里学到的东西最多？"谦逊的标志是愿意向任何职位的人学习。格兰特教授指出，一些被耶鲁大学录取的学生会让其学校管理员给自己写推荐信，这样的学生对于处于底层的职员保持着好奇心和尊重，这就是谦逊。企业可以借鉴格兰特教授的这些问题组织选拔出具有谦逊特质的管理人才。

二、领导谦逊行为的重新认识

在人们的传统观念中，领导者往往代表权威，而中国传统文化中严格的等级制度正是该点的印证。因此，在人们思想意识中，谦逊往往被认为是与领导角色相对立的一种品质。但随着市场环境的不断变化以及企业管理模式的不断更新，员工对企业的需求发生了巨大的变化。员工在给企业的绩效和发展做出贡献的同时，也希望领导者能够通过他们的利他行为和开放行为让其增加自己在企业中的参与度和自主权。谦逊型领导风格作为一种"自下而上"的领导风格，能够欣赏下属的能力和贡献，给予下属足够的发展空间和机会，重视下属的职业发展，这些行为特点在某种程度上来说能够满足员工对工作参与度和自主权的需求。然而，在企业管理实践中，谦逊型领导风格作为一种新的非传统"自下而上"领导方式仍有待于深入了解，领导者应该转变以往传统的伟人式和英雄式的领导观念，意识到谦逊对于领导力的意义，正确认识并合理展现领导的谦逊行为。

本书将领导风格的焦点从"自上而下"的领导方式转移到"自下而上"的谦逊领导方式，这在一定程度上能够解决上述问题，并在领导行为与员工主动行为管理方面为组织和管理者提供一些建议和策略。具体措施如图 8-2 所示。

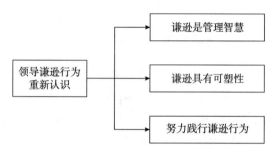

图 8-2　领导谦逊行为的重新认识

（一）谦逊是管理智慧

当人们刚开始谈论谦逊时，有些人总会认为一个人不可能既谦逊又能非常成功。研究表明，谦逊的领导者拥有更富有效率的员工和更具创造力的团队。谦逊并不是对自己的盲目贬低，也不是把自己置于他人的卑微之下，而是一种能够洞察一切并了解自己扮演的角色和所处位置的智慧。谦逊型领导从表面看似乎不强势，但从长期来看，这种领导可以推动公司业绩的稳步发展。他们对自我的看法比较客观，而且也善于发现他人的闪光点，愿意接受新想法和新思想，会帮助员工建立自信，使其表现超出预期，并营造良好的合作氛围，让每个人都助力公司发展。因此，谦逊是企业度过漫长的商业竞争的一种有效方式。有一点值得说明，谦逊型领导的有效性并不意味着管理者只有做到谦逊才能成功，领导者的很多行为对成功也是有利的，谦逊只是其中的一种。谦逊是一种基于内省、内敛和自我觉醒的深刻的哲学思考，是中国文化中自我身心提升的核心内容，领导者如果在强大的时候还能保持谦逊的心态，就更可能做到战无不胜。

（二）谦逊具有可塑性

本书的研究结果表明，领导者的谦逊具有可塑性。通过谦逊行为的累积，领导者在管理实践中可以形成稳定的谦逊风格。这种谦逊的风格既可以是一种内化的品质体现，也可以体现在外化的行为上。虽然品质的培养较为困难，但行为的改变可以成为品质培养的外在驱动。具体来说，管理者可以从以下三个方面对自我的谦逊品质进行提升。首先，要正确地认识自己，坦承自身的不足与过失，以身作则，树立一个"真诚正直"的个人形象，增加员工对自己的信任和敬仰。真诚很难被表演出来，领导者要真正感受到员工的处境，做到从员工利益出发，并且保持言行一致，这样的情感表达就是真诚的。其次，要有"伯乐"之智，善于发现人才，欣赏下属的优点与贡献，使员工感受到领导的关怀和更多的工作成就感和控制感。基于人际期望理论，员工会努力展现最好的自己以维持领导的欣赏与支持，更愿意付出工作以外的额外努力，甚至冒险行为。最后，要持有宽广的胸襟，与时俱进的理念，对新信息或想法持有开放性的态度，充分发挥员工的主观能动性。领导者自身知识能力的增强以及素质的提升均可以通过不断的学习来实现。同时，为了更好地影响员工、推动工作开展、促进企业发展，领导者通常要不断地提升和充实自己来提高自身的领导能力。这样的领导行为会增加员工的追随意愿，使员工愿意为领导和组织发展着想，从而产生积极主动的热情。

（三）努力践行谦逊行为

随着市场环境的日益复杂化和动态化，谦逊型领导的积极作用逐渐显现。通过本书的实证结果，我们发现谦逊型领导能够通过影响员工主动动机来提升其产生主动行为的意愿。这一结果揭示了谦逊型领导对下属意识及行为的间接塑造作用，以及员工这种改变对组织的影响效用。因此，管理者对员工的谦逊式管理应当提倡，这是由于谦逊行为无论对于个人还是组织都是有益的。因此，管理者在管理实践中应该努力践行谦逊行为，逐渐将自己锻炼成为谦逊领导，做到虚怀若谷，客观地看待自己的不足和错误；认真地听取员工提出的合理性建议，不断提升员工的自我效能感；从下属角度出发，给员工更多关怀和激励，逐渐缩短与员工之间的距离感，在员工内部产生影响力。基于社会交换理论，当员工接收到来自组织和领导对自己的支持时，他们也会给予相应的回报。

第二节　关注动机和心理安全以提升员工主动性

一、增强主动信念

主动行为是一种超出工作职责要求外的行为，因此，员工普遍认为主动行为是有风险的，会带来很高的社会成本。由于主动行为需要冒险和额外努力，个体的角色宽度自我效能感对于主动行为来说尤为重要。当员工具有较强的角色宽度自我效能感时，他们会相信自己有能力履行超出职责要求外的工作任务，有能力应对潜在的障碍，因此也更乐意采取主动行为帮助组织发展。研究指出，具有较高角色宽度自我效能感的个体比具有较低角色宽度自我效能感的个体更相信他们的行为最终会取得成功，因此更乐于扮演或承担"积极主动者"的角色。

从本书的分析结果可以看出，角色宽度自我效能，也就是主动性的信念，其不仅是员工主动行为的重要影响因素，而且还是情境因素谦逊型领导影响员工主动行为的有效提升策略。此外，许多研究者也从实证角度证明了员工主动性信念对员工主动行为的促进作用。所以在如何激发员工主动行为上，组织不仅可以通过积极的领导行为，例如平易近人、开门纳谏等方式来提升员工的主动信念，而且还可以通过借鉴其他活动增加员工的主动性信心。具体措施如图8-3所示。

（一）来自领导的鼓励与支持

当员工在完成岗位职责以外的工作时，领导要给予一定的鼓励与支持，领导对员工工作的鼓励、支持，有助于提升员工的角色宽度自我效能。同时组织要对实施主动行为的员工给予一定的奖励，消除主动行为给员工带来的心理风险和障碍，让员工自愿地为组织发展做贡献。因此，当员工感知到领导对自己能力的信任和鼓励时，员工对自己寻求改变或从事工作职责外的行为就充满了信心，也就更愿意进行主动行为。此外，领导对员工能力和贡献的欣赏和赞美

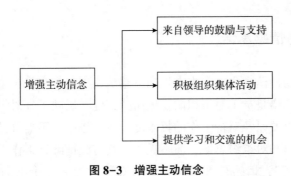

图 8-3 增强主动信念

也可以增强员工的主动信心。当员工感觉到自己被重视时，他们会有更强烈的展现欲望和主动性信念，这样一来，就能够有更多的主动行为产生。

（二）积极组织集体活动

企业除了安排日常的工作外，还要有针对性地举办一些集体活动，通过号召员工参加集体活动来促进其工作积极性的产生，例如，组织可以经常开展创意性的户外活动，使员工在放松的情况下产生不同的经历体验，进而增强他们对工作的积极态度。同时，在活动中增加领导—员工互动环节，在与下属的互动过程中，领导要将积极的信息传递给下属。根据社会认知理论的观点，榜样作用和以往经历体验是影响自我效能产生和发展的重要因素，所以在进行互动活动的过程中，领导要充分发挥其榜样作用来激发员工的主动信念，并鼓励其把这种信念带到实际工作中去。

（三）提供学习和交流的机会

组织可以通过给员工提供学习和交流的机会，增加员工对自己工作领域内的前沿知识和技能的了解和掌握，促进他们工作能力的提升，从而增强其坚定自己具备完成任务所需能力的信念。在对企业进行访谈和调查的过程中，研究者发现，很多被访者都认为外出学习和交流对于他们工作能力和知识技能的提升有很大帮助。他们表示，频繁的学习和交流能够让他们接触到该领域内前沿的知识和技能，让他们感觉到自己的知识储备不仅可以胜任目前的工作，而且能够发现工作中存在的一些问题，并提出解决的方案，这样一来领导就比较喜欢把一些具有调整性的任务分配给他，对领导和组织来讲，这样的员工会更乐于扮演或承担"积极主动者"的角色。

二、提高情感承诺

在增强主动性信念之后，本书发现情感承诺也是提高员工主动行为一个重要途径。情感承诺是员工对组织的积极情感态度，反映了其对组织价值观的认同、对组织的忠诚以及对待工作的投入度。在工作中，不能总是一味地强调让员工为组织付出和对组织忠诚，而不提供让其有激情继续工作下去的理由。中国文化重视"情"，情感是人们是否做出某种行为的一个指向标，基于"仁治"社会文化背景，情维系着个体之间的相互关系，维系着个体和组织的关系，因此，管理者可以从情感上激励员工对组织的承诺，来提高其工作积极性。具体措施如图8-4所示。

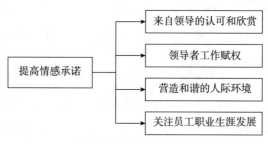

图8-4 提高情感承诺

（一）来自领导的认可和欣赏

领导可以通过对员工能力和贡献的不断认可和欣赏提升员工对组织的情感承诺。通用电气董事长兼CEO杰克·韦尔奇曾表示，让组织中的每一个人都能感觉到自己对组织是有贡献的，这是管理者的责任和义务。领导应在员工完成某项任务时给予及时和积极的肯定。领导的认可就是对其工作成绩的最大肯定。领导可以通过采用一些方法和手段表达对员工的认可，例如，以组织的名义为工作业绩突出的员工颁发荣誉称号，或者以私人的名义发一封邮件、打一个电话祝贺和表扬员工取得的成绩，等等，认可员工的工作，肯定员工的价值，从而激发员工更热情、更积极地投入工作，使其对组织产生认同。

（二）领导者工作赋权

研究表明，当领导者工作赋权的观念增加时，员工的情感承诺也会增加。

领导可以通过一定的授权，给予员工充分的工作自主性，鼓励员工进行有效自我管理的提升。授权给下属更大的参与感和决策感，同时也使下属的尊重需求和自我实现需求得到更大的满足，从而产生自己因受到了上司的肯定和倚重而积极的自我肯定感。在这样的心理作用驱使下，被授权的下属的潜在能力被激发，进而主动做事。同时，当组织中的某个成员独立并完美地完成了上司安排的工作时，由内而外的荣誉感和成就感就会油然而生，他会认为自己的努力是有价值、有意义的，并对自己在组织或部门中的地位和影响力进行重新认知，从而促使其对工作产生更多的积极性和主动性。

（三）营造和谐的人际环境

领导还可以通过营造和谐、健康、愉悦的人际氛围，满足员工的归属感，提升员工的情感承诺。首先，领导在与员工的交往过程中，要平易近人，尊重和体谅下属，能够满足员工更高层次的精神需求，这样的情感满足会让员工有一种"大家庭里一分子"的感觉，简单来讲，就是把员工当家人来看待，让员工在组织中有归属感与幸福感，从而使员工更容易对组织产生高度的认同和依恋。其次，领导以平等的身份与员工进行沟通和交流，充分的沟通和交流可以促进彼此的认识与理解，使员工与组织的目标、价值观逐渐趋于一致，进而对组织产生认同。进一步来说，随着沟通和交流的不断增加，员工对领导产生依赖和信任，对组织的认同、投入和忠诚感也会得到增强，从而变被动工作为主动工作，变"要我干"成为"我要干"，努力为组织发展贡献自己的力量。

（四）关注员工的职业生涯发展

领导对员工职业生涯发展的关注能够增加员工对组织的情感承诺。现代员工更加重视自身的职业成长，他们对职业、专业和客户的忠诚和承诺更甚于对组织的忠诚和承诺，因此，领导要帮助他们实现职业成长的需要，并为其提供积极的鼓励与支持。从组织层面上讲，领导通过为员工提供相应的培训机会，借助对其职业生涯发展的管理来帮助员工确定自己在组织中的职业发展目标，使员工职业发展目标与组织发展目标相结合，增强员工对组织的依恋与认同。从个人层面来讲，员工可以通过职业生涯发展规划准确认识自我，确定自己的职业目标并积极采取行动，在员工实现目标的过程中，一方面能保证和促进员工专业、职业上的需求实现，满足员工的理想承诺要求；另一方面又能推动和实现组织更好更快地发展。

三、激发积极情绪

员工情绪的好坏决定着对待工作的态度，左右着员工的工作积极性和才能的发挥，影响着企业运转的和谐性、有效性和稳定性，甚至在一定程度上决定了企业的生存与发展。研究结果表明，在工作中，员工的情感状态可能会受到领导风格的影响，即领导者的风格会引发下属的正面或负面的情感反应。根据本书的结论，谦逊型领导对员工的关心与重视，能够激发员工积极情绪的产生，从而使其采取更加积极主动的方式处理工作中遇到的问题。因此，管理者可以通过提高员工的积极情绪来达到提高员工主动行为的目的。具体措施如图8-5所示。

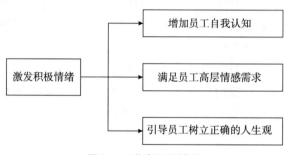

图8-5　激发积极情绪

(一) 增加员工自我认知

在管理实践中，首先，管理者要起到榜样作用，帮助员工正确认识自我，明确自己的职业发展目标。对于新一代的员工来说，很多员工缺乏对自己的认知，不了解自己的优缺点，缺乏协作的精神，不善于控制自己的情绪。管理者要帮助员工找准自己的职业定位，帮助他们做合理的目标制定、优质的职业规划，使其明确发展路径和目标，从而清晰地投入到工作中来。其次，管理者要努力营造精神愉快、人际关系和谐的工作氛围，这种和谐的工作氛围将大大提高员工的工作兴趣。最后，管理者要保持与员工的双向、及时的沟通。主动地、充分地和员工进行沟通，坦诚地传达信息可以减少员工的质疑和误解，能够及时地交换信息，倾听员工的意见，了解他们的思想动态，指导员工的想法和心态，帮助化解员工在工作中产生的不良情绪。管理者可以加大对员工的再培训，促进员工再学习，不断提升员工个人素质和内在修养，引导员工强化对自我高效管理和积极情绪管理的能力，从而实现在组织中的和谐、快速发展。

（二）满足员工高层情感需求

通过精神激励满足员工更高层次的情感需要。热情是员工拥有的一种积极的精神力量，是员工能很好地完成工作的内在因素。一个企业只有不断地激发出员工的工作热情，并以这种精神力量做支撑，才能够凝聚巨大的力量，最终保持企业长期、稳定、可持续发展。根据马斯洛的需求层次理论，员工对尊重的需求和自我实现的意愿是更高层次的需求，谦逊的企业氛围能够满足员工更高层次的需求。由激励理论可知，物质激励仅为基础，而精神激励才是首要问题。在我国现有物质需求已基本满足的情况下，精神吸引应该成为更重要的激励措施，精神激励可以影响员工的工作态度、工作投入，满足员工的高级需求是企业在信息化社会中快速发展的必然抉择和途径。同时，组织也不应忽视公平理论关于激励措施的论述，公平性是调动员工工作热情的一个很重要的原则。领导者应保持公平的心态去关注物质利益和精神待遇上的公平，要能够做到没有任何的偏见和喜好，没有任何不公的言语和行为，鼓励每一个员工成为人才，满足每一个员工实现自我价值的高层次需求。

（三）引导员工树立正确的人生观

组织可以以文化建设为依托，创造良好的企业文化和宽松的工作环境。一方面组织可以通过工作环境和劳动条件的改善，增进员工工作的舒适感，使员工能够更加身心愉悦地工作。另一方面组织要引导员工树立正确的人生观、价值观，通过积极有效的沟通对员工进行适当的赞美和激励，让员工感受到来自组织与领导的关心、支持、尊重和重视，摆正个人与组织之间的关系，建立正确的荣辱观和得失观，促成个人理性、平和，并积极向上的心态。

四、提升心理安全

员工的心理安全感是其摆脱工作的焦虑和恐慌而表现出的从容自信的感觉。员工的心理安全感不仅会影响到组织的绩效和发展，而且也会影响到员工的主动性。因此，组织应采取积极有效的措施来提升员工的心理安全感。从本书的分析结果可以看出，心理安全是谦逊型领导对员工反馈寻求行为的正向作用的重要机制。这表明，具有较高心理安全感的员工更愿意主动获得反馈信息，进而提高工作绩效。因此，管理者可以通过提高员工的心理安全来激发员工的反馈寻求行为。具体措施如图8-6所示。

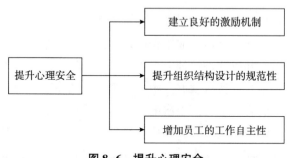

图8-6　提升心理安全

（一）建立良好的激励机制

1959年，美国行为科学家赫茨伯格提出了双因素激励理论。在其理论中，赫茨伯格把那些能够给员工带来满意和激励的因素称为激励因素。把那些带给员工不满意和消极的因素称为保健因素。赫茨伯格认为，有些时候，两种因素会有重叠，也可能互相转化。因此，激励因素和保健因素同样重要。在组织实践中，企业可以从工作内容、工作环境、工作关系等方面建立相应的激励机制，不仅要注意物质方面的激励，还有关注精神方面的激励。例如，领导的赏识属于激励因素，在管理实践中，管理者要多鼓励、表扬和认可自己的下属。当员工得到领导的赏识时，他们会在心理上产生一种满足感和安全感，进而进行积极主动的行为。

（二）提升组织结构设计的规范性

科学、规范的组织结构设计能够给员工带来良好的制度保障，进而提升员工的心理安全，然而，组织结构的设计是一个动态的过程，需要不断地完善和调整。管理层次划分、职权划分和部门确立是任何一个组织都存在的三个相互联系的组织结构问题。在管理实践中，管理者要在组织结构设计时认真考虑和处理这三个方面的问题。具体来讲，企业在进行组织结构设计时组织要遵循一定的原则，比如分工与协作、有效性、责利对等、分级管理等原则。首先，一个规范的组织设计首先需要有一个清晰的组织结构，组织结构中的各个部门的职权划分范围要有详细的解释和说明。其次，当面对工作量大、专业性强的工作时，要分设部门，明确分工。管理者可以采取以下措施，例如，实行管理系统，按系统进行负责人管辖制度；成立专门委员会协调工作；创造良好的合作环境，提升管理者的大局意识。此外，由于管理者的知识、文化、经历是有限的，他所能够管理的员工的管理幅度也是有限的。因此，组织在进行结构设计时要考虑到每个管理者的管理幅度，来确保管理工作的有效性。最后，企业在进行组织结构设计时要注重合理分权。合理分权不但有利于上层管理者不被日常琐碎之事困扰，集中精力抓重大问题。而且能够让基层管理者对自己负责的事务迅速而正确地做出判断。

(三) 增加员工的工作自主性

员工的工作自主性从某种意义上来讲反映了组织对于员工能力的认可，进而影响员工的心理安全感。因此，组织要给予员工充分的工作自主性。在管理实践中，组织可以通过提高组织凝聚力、员工的主人翁意识、权力下放等方式增加员工的工作自主性。具体来讲，管理者可以通过权责分配来实现权力的下放。当员工有了工作自主权，他们会积极主动地提高工作效率；管理者可以通过让员工了解组织的发展状况、参与组织决策、措施的讨论等措施，让他们感觉到自己就是组织这个大家庭里的一分子，自己就企业的主人，组织的未来与发展与他们息息相关，他们要时刻关注组织的发展，积极为组织出谋划策。

第三节　增强领导行为有效性以促进员工主动性

一、注重领导谦逊行为的真实性

从心理学上讲，真实性的传达，关键在于对方是否感受到你的真诚。经常会有人抱怨说，自己已经真诚对待，但对方却没有接受。其实这就是所谓的单方面感受到了真诚。真诚很难被表演出来，如果你能真正感受到对方的处境，并且言行一致，你的情感表达就是真诚的。这就是心理学上常说的"共情能力"。"共情"是罗杰斯提出的概念，指的是在人与人交往中发生的一种积极的感觉能力。具体而言，"共情"即"将心比心"，强调站在对方的立场，设身处地地体会对方的内心世界，探寻对方真实的感受和需求，摒弃外生视角的审视，进而实施兼顾管理双方感受和需求的行为，实现情感和精神的统一和谐。

当管理者向下属表达谦逊意愿时，如果结果不能满足管理者所预期的积极结果，那么管理者应当反思自己表达谦逊的初衷，是从下属和组织的利益出发，还是从管理者自己的利益出发？这种行为意图的反思识别是非常重要的，因为一旦管理者谦逊行为是源自对自身利益的维护，那么当这种意图被下属识破后，会导致自下而上的不满和信任度的降低。但是，如果管理者谦逊行为背后的意图是利他的，即从下属和组织利益出发，强调更多、更好地服务于下属及组织，而非利己，那么，通过这种行为和意图的一致性信息传达，管理者就可以摆脱被下属认为是虚伪的嫌疑，从而促成领导谦逊行为积极结果的出现。所以，领导实施谦逊管理的过程中要不断反思自己，学会换位思考，能从下属的角度为对方的行为寻找合理性，最大限度地理解下属，全身心地聆听下属的表达。在与下属的沟通过程中，能够全神贯注，不打断下属的讲话，不做价值判断，努力体验下属的感受，及时给予反馈，表达对下属的尊重，具体包括：①尊重下属的个性及能力而不是凭自己的感情用事；②接纳下属的信念和所做出的选择或决定，而不是评论或试图替其做决定；③善意理解下属的观点及行为，而不是简单采取排斥的态度；④不做价值判断，尊重下属的选择。

领导对员工的换位思考能够提高双方沟通的有效性，促进基于利他基础的和谐人际关系的建立。很多时候，共情能使领导与员工相处时懂得情感培养，尽可能从对方的角度去想问题，这样做不仅能够真诚地表达出自己的情感，而且往往给自己留了余地。因此，从这个角度看，共情能力是企业和谐发展的有力驱动因素之一，它在促进企业的和谐发展的同时，还有助于共情双方个体的可持续性发展，是实现个体、企业、社会整体持续和谐发展的有效策略。

二、关注关系构建的合理性

本书还将在为组织如何构建上下级关系方面起到一定的启示作用。谦逊型领导平易近人，尊重和体谅下属，能够改善上下级之间的关系，增加上下级之间的沟通与互动，营造出轻松愉快的组织氛围，进而提升员工的主动性。但谦逊型领导的有效性并不意味着管理者只要做到谦逊就算成功，本书结果显示，谦逊型领导有效性的发挥与下属对领导行为真实性感知有关。当下属的真实性感知水平高时，谦逊型领导有效性会得到增强。反之，当下属的真实性感知水平低时，谦逊型领导有效性会减弱。因此，领导在展现谦逊行为时，要考虑下属对领导者的态度和看法，合理构建上下级之间的关系，提高谦逊行为的有效性。

在管理实践中，组织首先要从员工个体需求出发，建立共同愿景，探索出较为合理且利于激发员工主动性的鼓励机制，制定出便于企业其他层级管理者实施的相应管理措施，达到激发员工积极主动性并推动企业创新和发展的目的。事实上，在工作中进行自发的主动行为对于员工来讲并不容易，特别是在中国文化情境下，它需要员工有勇气去面对主动行为给他们带来的后果，如印象管理，他们往往会担心自己在领导那里的印象受到破坏而不去主动尝试，通常情况下，与领导关系质量比较好的员工实施主动行为的可能性会更大。为了激发更多的员工进行主动行为，领导在实际工作中不要认为只要做到谦逊可以了，要以真诚之心来合理构建与下属之间的关系，要对员工进行充分的了解，增加员工对自己的忠诚度和信任感，进而消除员工对实施主动行为可能带来风险的担忧，打消员工进行主动行为的印象管理顾虑。

此外，已有研究显示，在中国背景下，人们会更多地关注关系中的情感因素，熟人关系或者说熟人连带在典型的中国式上下级关系中起着非常重要的作用，因此，人际关系和人情法则在企业中显得格外重要。超出组织常规工作和薪酬要求的行为对企业的和谐和领导的权威是一种挑战，有的时候不仅不能解决问题，反而有可能会阻碍自己的职业发展，所以有些员工为了将这种高质量的上下级关系保持下去，即使认为自己能够提出更好的改进工作的方法，通常他们也会选择被动接受，放弃主动。企业要关注到领导与员工之间的人情关系，合理利用领导与成员的关系，使其朝着健康的方向发展，在组织层面制定合理的激励政策，创造一个良好的环境，促进和帮助员工在不担心潜在障碍的情况下积极尝试不同的方法来完成工作任务，主动承担更多职责以外的工作。

参考文献

[1] Ashford S. J. , Cummings L. L. Feedback as an individual resource: Personal strategies of creating information [J]. Organizational Behavior and Human Performance, 1983, 32 (3): 370-398.

[2] Ashford S. J. Feedback-seeking in individual adaptation: A resource perspective [J]. Academy of Management Journal, 1986, 29 (3): 465-487.

[3] Ashford S. J. , Blatt R. , Vandewalle D. Reflections on the looking glass: A review of research on feedback-seeking behavior in organizations [J]. Journal of Management, 2003, 29 (6): 773-799.

[4] Ashford S. , Ong M. , Keeves G. The Role of issue-selling in effective strategy making [D]. Handbook of Middle Management Research on Strategy Process, 2017.

[5] Axtell C. M. , Holman D. J. , Unsworth K. L. , et al. Shopfloor innovation: Facilitating the suggestion and implementation of ideas [J]. Journal of Occupational & Organizational Psychology, 2000, 73 (3): 265-285.

[6] Axtell C. , Holman D. , Wall T. Promoting innovation: A change study [J]. Journal of Occupational & Organizational Psychology, 2006, 79 (3): 509-516.

[7] Bandura A. Self-efficacy mechanism in human agency [J]. American Psychology, 1982, 37 (2): 122-147.

[8] Bandura A. Social foundations of thought and action: A social cognitive theory [M]. Englewood Cliffs, New Jersey: Prentice-Hall, 1986.

[9] Bandura A. Social learning theory [M]. Englewood Cliffs, New Jersey: Prentice-Hall, 1997.

[10] Baron R. M. , Kenny D. A. Moderator-mediator variables distinction in social psychological research: Conceptual, strategic, and statistical considerations [J]. Journal of Personality and Social Psychology, 1986, 51 (6): 1173-1182.

［11］ Bateman T. S. , Crant J. M. The proactive component of organizational be-havior: A measure and correlates ［J］. Journal of Organizational Behavior, 1993, 14 （2）: 103-118.

［12］ Bateman T. S. , Crant J. M. Proactive behavior: Meaning, impact, rec-ommendations ［J］. Business Horizons, 1999, 42 （3）: 63-70.

［13］ Belschak F. D. , Hartog D. N. D. Pro-self, prosocial, and pro-organi-zational foci of proactive behavior: Differential antecedents and consequences ［J］. Journal of Occupational & Organizational Psychology, 2010, 83 （2）: 475-498.

［14］ Bettencourt L. A. Change-oriented organizational citizenship behaviors: The direct and moderating influence of goal orientation ［J］. Journal of Retailing, 2004, 80 （3）: 165-180.

［15］ Bharanitharan K. , Zhen X. C. , Bahmannia S. , et al. Is leader humility a friend or foe, or both? An attachment theory lens on leader humility and its contra-dictory outcomes ［J］. Journal of Business Ethics, 2019 （160）: 729-743.

［16］ Bindl U. K. , Parker S. K. Affect and employee proactivity: A goal-re-gulatory perspective ［J］. Experiencing & Managing Emotions in the Workplace, 2012, 8 （10）: 225-254.

［17］ Blau G. , Tatum D. S. , McCoy K. , Dobria L. , et al. Job loss, human capital job feature, and work condition job feature as distinct job insecurity constructs ［J］. Journal of Allied Health, 2004, 33 （1）: 31-41.

［18］ Bliese P. D. Within-group agreement, non-independence, and reliability: Implications for data aggregation and analysis ［A］//K. J. Klein, S. W. J. Kozlowski （Eds.）. Multilevel theory, research, and methods in organizations: Foundations, ex-tensions, and new directions ［M］. San Francisco: Jossey-Bass, 2000.

［19］ Borg I. , Elizur D. Job insecurity: Correlates, moderators and measure-ment ［J］. International Journal of Man Power, 1992, 13 （2）: 13-26.

［20］ Bowlby J. Attachment and loss: Attachment ［M］. New York: Basic Books, 1969.

［21］ Brislin R. W. Translation and content analysis of oral and written material ［A］//H. C. Triandis （Eds.）. Handbook of cross-cultural psychology ［M］. Boston: Allyn and Bacon, 1980.

［22］ Brown D. J. , Cober R. T. , Kane K. , et al. Proactive personality and the successful job search: A field investigation with college graduates [J]. Journal of Applied Psychology, 2006, 91 (3): 717-726.

[23] Burris E. R. , Detert J. R. , Chiaburu D. S. Quitting before leaving: The mediating effects of psychological attachment and detachment on voice [J]. Journal of Applied Psychology, 2008, 93 (4): 912-922.

[24] Cameron K. S. , Dutton J. E. , Quinn R. E. Positive organizational scholarship: Foundations of a new discipline [M]. San Francisco, CA: Berrett-Koehler, 2003.

[25] Chen G. , Kanfer R. Toward a systems theory of motivated behavior in work teams [J]. Research in Organizational Behavior, 2006 (27): 223-267.

[26] Chiaburu D. S. , Marinova S. V. , Lim A. S. Helping and proactive extra-role behaviors: The influence of motives, goal orientation, and social context [J]. Personality & Individual Differences, 2007, 43 (8): 2282-2293.

[27] Chiaburu D. S. , Oh I. S. , Berry C. M. , et al. The five-factor model of personality traits and organizational citizenship behaviors: A meta-analysis [J]. Social Science Electronic Publishing, 2011, 96 (6): 1140-1166.

[28] Chiu C. C. , Owens B. P. , Tesluk P. E. Initiating and utilizing shared leadership in teams: The role of leader humility, team proactive personality, and team performance capability [J]. Journal of Applied Psychology, 2016, 101 (12): 1705-1720.

[29] Chiu T. C. S. , Huang H. J. , Hung Y. The influence of humility on leadership: A Chinese and western review [J]. International Proceedings of Economics Development and Research, 2012 (29): 129-133.

[30] Claes R. , Ruiz-Quintanilla S. A. Influences of early career experiences, occupational group, and national culture on proactive career behavior [J]. Journal of Vocational Behavior, 1998, 52 (3): 357-378.

[31] Curhan J. R. , Elfenbein H. A. , Xu H. What do people value when they negotiate? Mapping the domain of subjective value in negotiation [J]. Journal of Personality and Social Psychology, 2006, 91 (3): 493-512.

[32] Davis D. E. , Hook J. N. , Jr W. E. , et al. Relational humility: Conceptualizing and measuring humility as a personality judgment [J]. Journal of Personality Assessment, 2011, 93 (3): 225-234.

［33］Detert J. R. , Burris E. R. Leadership behavior and employee voice: Is the door really open? ［J］. Academy of Management Journal, 2007, 50 (4): 869-884.

［34］Den Hartog D. N. , Belschak F. D. When does transformational leadership enhance employee proactive behavior? The role of autonomy and role breadth self-efficacy ［J］. Journal of Applied Psychology, 2012 (97): 194-202.

［35］Dutton J. E. , Ashford S. J. , O' Neill R. M, et al. Reading the wind: How middle managers assess the context for selling issues to top managers ［J］. Strategic Management Journal, 1997, 18 (5): 407-423.

［36］Eccles J. S. , Wigfield A. Motivational beliefs, values, and goals ［J］. Annual Review of Psychology, 2002, 53 (1): 109-132.

［37］Edmondson A. Psychological safety and learning behavior in work teams ［J］. Administrative Science Quarterly, 1999, 44 (2): 350-383.

［38］Ehrhart M. G. Leadership and procedural justice climate as antecedents of unit-level organizational citizenship behavior ［J］. Personnel Psychology, 2010, 57 (1): 61-94.

［39］Elliot A. J. , Harackiewicz J. M. Approach and avoidance achievement goals and intrinsic motivation: A mediational analysis ［J］. Journal of Personality & Social Psychology, 1996, 70 (3): 461-475.

［40］Fay D. , Sonnentag S. Rethinking the effects of stressors: A longitudinal study on personal initiative ［J］. Journal of Occupational Health Psychology, 2002, 7 (3): 221-234.

［41］Fornell C. , Larcker D. F. Evaluating structural equation models with unobservable variables and measurement error ［J］. Journal of Marketing Research, 1981, 18 (1): 39-50.

［42］Frese M. , Fay D. Personal initiative: An active performance concept for work in the 21st century ［J］. Research in Organizational Behavior, 2001, 23 (2): 133-187.

［43］Frese M. , Garst H. , Fay D. Making things happen: Reciprocal relationships between work characteristics and personal initiative in a four-wave longitudinal structural equation model ［J］. Journal of Applied Psychology, 2007, 92 (4): 1084-1092.

［44］ Frese M. , Kring W. , Soose A. , et al. Personal initiative at work: Differences between east and west Germany ［J］. Academy of Management Journal, 1996, 39（1）: 37-63.

［45］ Fuller B. , Marler L. E. Change driven by nature: A meta - analytic review of the proactive personality literature ［J］. Journal of Vocational Behavior, 2009, 75（3）: 329-345.

［46］ Fuller J. B. , Marler L. E. , Hester K. Promoting felt responsibility for constructive change and proactive behavior: Exploring aspects of an elaborated model of work design ［J］. Journal of Organizational Behavior, 2006（27）: 1089-1120.

［47］ Gouldner A. W. The norm of reciprocity: A preliminary statement ［J］. American Sociological Review, 1960, 25（2）: 161-178.

［48］ Grant A. M. , Ashford S. J. The dynamics of proactivity at work ［J］. Research in Organizational Behavior, 2008, 28（28）: 3-34.

［49］ Greenhalgh L. , Rosenblatt Z. Job security: Toward conceptual clarity ［J］. Academy of Management Review, 1984, 9（3）: 438-448.

［50］ Griffin M. A. , Neal A. , Parker S. K. A new model of work role performance: Positive behavior in uncertain and interdependent contexts ［J］. Academy of Management Journal, 2007, 50（2）: 327-347.

［51］ Griffin M. A. , Parker S. K. , Mason C. M. Leader vision and the development of adaptive and proactive performance: A longitudinal study ［J］. Journal of Applied Psychology, 2010, 95（1）: 174-182.

［52］ Gupta V. K. , Bhawe N. M. The influence of proactive personality and stereotype threat on women's entrepreneurial intentions ［J］. Journal of Leadership and Organizational Studies, 2007（13）: 73-85.

［53］ Haidt J. The emotional dog and its rational tail: A social intuitionist approach to moral judgment ［J］. Psychological Review, 2001, 108（4）: 814-834.

［54］ Hakanen J. J. , Perhoniemi R. , Toppinen - Tanner S. Positive gain spirals at work: From job resources to work engagement, personal initiative and work-unit innovativeness ［J］. Journal of Vocational Behavior, 2008, 73（1）: 78-91.

［55］ Harter S. Authenticity ［A］//C. R. Snyder, S. J. Lopez（Eds.）. Handbook of Positive Psychology ［M］. Oxford: Oxford University Press, 2002.

［56］ Hartog D. N. , Belschak F. D. Personal initiative, commitment and affect at work [J]. Journal of Occupational & Organizational Psychology, 2011, 80 (4): 601-622.

[57] Hayes A. F. Introduction to mediation, moderation, and conditional process analysis: A regression-based approach [J]. Journal Educational Measurement, 2013, 51 (3): 335-337.

[58] Hayes A. F. An index and test of linear moderated mediation [J]. Multivariate Behavioral Research, 2015, 50 (1): 1-22.

[59] Hinkin T. R. A brief tutorial on the development of measures for use in survey questionnaires [J]. Organizational Research Methods, 1998, 1 (1): 104-121.

[60] Hofstede G. , Garibaldi de Hilal A. V. , et al. Comparing regional cultures within a country: Lessons from Brazil [J]. Journal of Cross-Cultural Psychology, 2010, 41 (3): 336-352.

[61] Hornung S. , Rousseau D. M. Active on the job—proactive in change: How autonomy at work contributes to employee support for organizational change [J]. Journal of Applied Behavioral Science, 2007, 43 (4): 401-426.

[62] Howell J. M. , Boies K. Champions of technological innovation: The influence of contextual knowledge, role orientation, idea generation, and idea promotion on champion emergence [J]. Leadership Quarterly, 2004, 15 (1): 123-143.

[63] Hu L. , Bentler P. M. Cutoff criteria for fit indexes in covariance structure analysis: Conventional criteria versus new alternatives [J]. Structural Equation Modeling: A Multidisciplinary Journal, 1999, 6 (1): 1-55.

[64] Kahn W. A. Psychological conditions of personal engagement and disengagement at work [J]. Academy of Management Journal, 1990, 33 (4): 692-724.

[65] Kanfer R. , Wanberg C. R. , Kantrowitz T. M. Job search and employment: A personality-motivational analysis and meta-analytic review [J]. Journal of Applied Psychology, 2001, 86 (5): 837-855.

[66] Kernis M. H. Toward a conceptualization of optimal self-esteem [J]. Psychological Inquiry, 2003, 14 (1): 1-26.

[67] Kim T. Y. , Jie W. Proactive personality and newcomer feedback seeking: The moderating roles of supervisor feedback and organizational justice [M]. London:

Transaction Publishers, 2008.

［68］Klein A. , Moosbrugger H. Maximum likelihood estimation of latent inter-action effects with the LMS method ［J］. Psychometrika, 2000, 65（4）: 457 - 474.

［69］Kline R. B. Principles and practice of structural equation modeling（3rd Eds. ）［M］. New York: Guilford, 2011.

［70］Konovsky M. A. , Cropanzano R. Perceived fairness of employee drug tes-ting as a predictor of employee attitudes and job performance ［J］. Journal of Applied Psychology, 1991, 76（5）: 698-707.

［71］Krasman J. The feedback-seeking personality: Big Five and feedback-see-king behavior ［J］. Journal of Leadership and Organizational Studies, 2010（17）: 18-32.

［72］Latham G. P. , Pinder C. C. Work motivation theory and research at the dawn of the twenty-first century ［J］. Annual Review of Psychology, 2005, 56（1）: 485-516.

［73］Lee K. , Ashton M. C. Psychometric properties of the HEXACO personality inventory ［J］. Multivariate Behavioral Research, 2004, 39（2）: 329-358.

［74］LePine J. A. , Van Dyne L. Predicting voice behavior in work groups ［J］. Journal of Applied Psychology, 1998（83）: 853-868.

［75］Lepine J. A. , Van D. L. Voice and cooperative behavior as contrasting forms of contextual performance: Evidence of differential relationships with big five personality characteristics and cognitive ability ［J］. Journal of Applied Psychology, 2001, 86（2）: 326-336.

［76］Lopez S. J. , C. R. Snyder. The Oxford Handbook of Positive Psychology ［M］. New York: Oxford University Press, 2002.

［77］Madjar N. , Ortizwalters R. Trust in supervisors and trust in customers: Their independent, relative, and joint effects on employee performance and creativity ［J］. Human Performance, 2009, 22（2）: 128-142.

［78］Major D. A. , Turner J. E. , Fletcher T. D. Linking proactive personality and the Big Five to motivation to learn and development activity ［J］. Journal of Ap-plied Psychology, 2006, 91（4）: 927-935.

［79］Martinez L. R. , Sawyer K. B. , Thoroughgood C. N. , et al. The importance of being "me": The relation between authentic identity expression and transgender employees' work-related attitudes and experiences [J]. Journal of Applied Psychology, 2017, 102 (2): 215-226.

[80] May D. R., Gilson R. L., Harter L. M. The psychological conditions of meaningfulness, safety and availability and the engagement of the human spirit at work [J]. Journal of Occupational and Organizational Psychology, 2004, 77 (1): 11-37.

[81] McAllister D. J., Kamdar D., Morrison E. W., et al. Disentangling role perceptions: How perceived role breadth, discretion, instrumentality, and efficacy relate to helping and taking charge [J]. Journal of Applied Psychology, 2007 (92): 1200-1211.

[82] Men C., Fong P. S., Huo W., et al. Ethical leadership and knowledge hiding: A moderated mediation model of psychological safety and mastery climate [J]. Journal of Business Ethics, 2018: 1-12.

[83] Meyer J. P., Allen N. J., Gellatly I. R. Affective and continuance commitment to the organization: Evaluation of measures and analysis of concurrent and time-lagged relations [J]. Journal of Applied Psychology, 1990, 75 (1): 104-106.

[84] Meyer J. P., Allen N. J., Smith C. A. Commitment to organizations and occupations: Extension and test of a three-component conceptualization [J]. Journal of Applied Psychology, 1993, 78 (4): 538-551.

[85] Meyer J. P., Stanley D. J., Jackson T. A., et al. Affective, normative, and continuance commitment levels across cultures: A meta-analysis [J]. Journal of Vocational Behavior, 2012, 80 (2): 225-245.

[86] Miller V., Jablin F. Newcomers' information seeking behaviors during organizational encounter: A typology and model of the process [J]. The Academy of Management Review, 1991, 16 (1): 92-112.

[87] Mishra P. An end to suffering: The Buddha in the world [M]. New York: Farrar, Straus and Giroux, 2004.

[88] Mitchell T. R., Daniels D. Handbook of Psychology: Motivation [M]. Hoboken, New Jersey: John Wiley, 2003.

[89] Moon H., Kamdar D., Mayer D. M., et al. Me or we? The role of per-

sonality and justice as other-centered antecedents to innovative citizenship behaviors within organizations [J]. Journal of Applied Psychology, 2008, 93 (1): 84-94.

[90] Morris J. A., Brotheridge C. M., Urbanski J. C. Bringing humility to leadership: Antecedents and consequences of leader humility [J]. Human Relations, 2005, 58 (10): 1323-1350.

[91] Morrison E. W., Chen Y. R., Salgado S. R. Cultural differences in newcomer feedback seeking: A comparison of the United States and Hong Kong [J]. Applied Psychology: An International Review, 2004 (53): 1-22.

[92] Morrison E. W., Phelps C. C. Taking charge at work: Extrarole efforts to initiate workplace change [J]. Academy of Management Journal, 1999, 42 (4): 403-419.

[93] Nurmi J. E. How do adolescents see their future? A review of the development of future orientation and planning [J]. Developmental Review, 1991, 11 (1): 1-59.

[94] Oc B., Bashshur M. R., Daniels M. A., et al. Leader humility in Singapore [J]. The Leadership Quarterly, 2015, 26 (1): 68-80.

[95] Ou A. Y., Tsui A. S., Kinicki A. J., et al. Humble chief executive officers' connections to top management team integration and middle managers' responses [J]. Administrative Science Quarterly, 2014, 59 (1): 34-72.

[96] Ou A. Y., Waldman D. A., Peterson S. J. Do humble CEOs matter? An examination of CEO humility and firm outcomes [J]. Journal of Management, 2015, 46 (2): 357-363.

[97] Ou Y. CEO humility and its relationship with middle manager behaviors and performance: Examining the CEO-middle manager interface [D]. Dissertations & Theses-Gradworks, 2011.

[98] Owens B. P., Hekman D. R. Modeling how to grow: An inductive examination of humble leader behaviors, contingencies, and outcomes [J]. Academy of Management Journal, 2012, 55 (4): 787-818.

[99] Owens B. P., Hekman D. R. How does leader humility influence team performance? Exploring the mechanisms of contagion and collective promotion focus [J]. Academy of Management Journal, 2016, 59 (3): 1088-1111.

[100] Owens B. P. Humility in organizational leadership [D]. Unpublished

Doctoral Dissertation, University of Washington, Seattle, 2009: 8-14.

[101] Owens B. P. , Johnson M. D. , Mitchell T. R. Expressed humility in organizations: Implications for performance, teams, and leadership [J]. Organization Science, 2013, 24 (5): 1517-1538.

[102] Parker S. K. , Collins C. G. Taking stock: Integrating and differen-tiating multiple proactive behaviors [J]. Journal of Management, 2010, 36 (3): 633-662.

[103] Parker S. K. Enhancing role breadth self-efficacy: The roles of job enrichment and other organizational interventions [J]. Journal of Applied Psychology, 1998, 83 (6): 835-852.

[104] Parker S. K. , Bindl U. K. , Strauss K. Making things happen: A model of proactive motivation [J]. Journal of Management, 2010, 36 (4): 827-856.

[105] Parker S. K. , Sprigg C. A. Minimizing strain and maximizing learning: The role of job demands, job control, and proactive personality [J]. Journal of Applied Psychology, 1999 (84): 925-939.

[106] Parker S. K. , Williams H. M. , Turner N. Modeling the antecedents of proactive behavior at work [J]. Journal of Applied Psychology, 2006, 91 (3): 636-652.

[107] Parker S. K. , Wu C. H. Leading for proactivity: How leaders cultivate staff who make things happen [A]//The Oxford Handbook of Leadership and Organizations [M]. New York: Oxford University Press, 2014.

[108] Peterson C. , Seligman M. Character strengths and virtues: A handbook and classification [M]. New York: Oxford University Press, 2004.

[109] Podsakoff P. M. , MacKenzie S. B. , Lee J. Y. , et al. Common method biases in behavioral research: A critical review of the literature and recommended remedies [J]. Journal of Applied Psychology, 2003, 88 (5): 879-903.

[110] Popper M. , Mayseless O. Back to basics: Applying a parenting perspective to transformational leadership [J]. Leadership Quarterly, 2003, 14 (1): 41-65.

[111] Preacher K. J. , Hayes A. F. A symptotic and resampling strategies for assessing and comparing indirect effects in multiple mediator models [J]. Behavior Research Methods, 2008, 40 (3): 879-891.

[112] Preacher K. J. , Zyphur M. J. , Zhang Z. A general multilevel SEM

framework for assessing multilevel mediation [J]. Psychological Methods, 2010, 15 (3): 209-233.

[113] Rafferty A. E. , Griffin M. A. Perceptions of organizational change: A stress and coping perspective [J]. Journal of Applied Psychology, 2006, 91 (5): 1154-1162.

[114] Rego A. , Owens B. , Kai C. Y. , et al. Leader humility and team performance: Exploring the mediating mechanisms of team psychological capital and task allocation effectiveness [J]. Journal of Management, 2017, 20 (10): 1-25.

[115] Rego A. , Owens B. , Leal S. , et al. How leader humility helps teams to be humbler, psychologically stronger, and more effective: A moderated mediation model [J]. Leadership Quarterly, 2017, 28 (5): 639-658.

[116] Richards N. Humility [M] . Philadelphia, PA: Temple University Press, 1992.

[117] Rowatt W. C. , Powers C. , Targhetta V. , et al. Development and initial validation of an implicit measure of humility relative to arrogance [J]. The Journal of Positive Psychology, 2006, 1 (4): 198-211.

[118] Sabine S. Recovery, work engagement, and proactive behavior: A new look at the interface between nonwork and work [J]. Journal of Applied Psychology, 2003, 88 (3): 518-528.

[119] Salanova M. , Schaufeli W. B. A cross-national study of work engagement as a mediator between job resources and proactive behaviour [J]. International Journal of Human Resource Management, 2008, 19 (1): 116-131.

[120] Sandage S. J. , Wiens T. W. Contextualizing models of humility and forgiveness: A reply to Gassin [J]. Journal of Psychology & Theology, 2001, 29 (3): 201-211.

[121] Schaufeli W. B. , Bakker A. B. , Salanova M. The measurement of work engagement with a short questionnaire: A cross-national study [J]. Educational and Psychological Measurement, 2006, 66 (4): 701-716.

[122] Shane S. , Venkataraman S. , MacMillan I. Cultural differences in innovation championing strategies [J]. Journal of Management, 1995 (21): 931-952.

[123] Simons T. L. Behavioral integrity as a critical ingredient for transforma-

tional leadership [J]. Journal of Organizational Change Management, 1999, 12 (2): 89-104.

[124] Si S. X., Cullen J. B. Response categories and potential cultural bias: Effects of an explicit middle point in cross-cultural surveys [J]. The International Journal of Organizational Analysis, 1998, 6 (3): 218-230.

[125] Solomon R. C. A better way to think about business [M]. New York: Oxford University Press, 1999.

[126] Somech A. Relationships of participative leadership with relational demography variables: A multi-level perspective [J]. Journal of Organizational Behavior, 2003, 24 (8): 1003-1018.

[127] Speier C., Frese M. Generalized self efficacy as a mediator and moderator between control and complexity at work and personal initiative: A longitudinal field study in East Germany [J]. Human Performance, 1997, 10 (2): 171-192.

[128] Strauss K., Griffin M. A., Parker S. K. Future work selves: How salient hoped-for identities motivate proactive career behaviors [J]. Journal of Applied Psychology, 2012, 97 (3): 580-598.

[129] Thomas J. P., Whitman D. S., Viswesvaran C. Employee proactivity in organizations: A comparative meta-analysis of emergent proactive constructs [J]. Journal of Occupational & Organizational Psychology, 2011, 83 (2): 275-300.

[130] Tidwell M., Sias P. Personality and information seeking understanding how traits influence information-seeking behaviors [J]. Journal of Business Communication, 2005, 42 (1): 51-77.

[131] Tuckey M., Brewer N., Williamson P. The influence of motives and goal orientation on feedback seeking [J]. Journal of Occupational & Organizational Psychology, 2011, 75 (2): 195-216.

[132] Vande Walle D., Ganesan S., Challagalla G. N., et al. An integrated model of feedback-seeking behavior: Disposition, context, and cognition [J]. Journal of Applied Psychology, 2000, 85 (6): 996-1003.

[133] Vannini P., Franzese A. The authenticity of self: Conceptualization, personal experience, and practice [J]. Sociology Compass, 2010, 2 (5): 1621-1637.

[134] Vera D., Rodriguez-Lopez A. Strategic virtues: Humility as a source of

competitive advantage [J]. Organizational Dynamics, 2004, 33 (4): 393-408.

[135] Watson D., Clark L. A., Tellegen A. Development and validation of brief measures of positive and negative affect: The PANAS scales [J]. Journal of Personality and Social Psychology, 1988, 54 (6): 1063-1070.

[136] Weick K. E. Leadership as the Legitimation of Doubt—Making Sense of the Organization Volume 2: The Impermanent Organization [M]. Hoboken, New Jersey: John Wiley & Sons Inc., 2001.

[137] Wu C. H., Parker S. K., Bindl U. K. Who is proactive and why? Unpacking individual differences in employee proactivity [M]. UK: Emerald Group Publishing, 2013.

[138] Wu C. H., Parker S. K., Jong J. Need for cognition as an antecedent of individual innovation behavior [J]. Journal of Management, 2011, 40 (6): 1511-1534.

[139] 陈艳虹, 张莉, 陈龙. 中国文化背景下谦逊型领导的结构和测量 [J]. 管理科学, 2017, 30 (3): 14-22.

[140] 樊景立, 钟晨波, 徐淑英等. 组织公民行为概念范畴的归纳性分析 [A] //徐淑英, 刘忠明. 中国企业管理的前沿研究 [C]. 北京: 北京大学出版社, 2004: 398-421.

[141] 胡金生, 黄希庭. 自谦: 中国人一种重要的行事风格初探 [J]. 心理学报, 2009, 41 (9): 842-852.

[142] 黄攸立, 程鑫玉. 变革型领导与员工主动性行为关系本土化研究——基于内在动机视角及组织创新氛围的中介作用 [J]. 上海管理科学, 2015, 37 (4): 22-26.

[143] 雷星晖, 单志汶, 苏涛永, 杨元飞. 谦卑型领导行为对员工创造力的影响研究 [J]. 管理科学, 2015, 28 (2): 115-125.

[144] 凌文辁, 柳士顺等. 建设性领导和破坏性领导 [M]. 北京: 科学出版社, 2012.

[145] 毛江华, 廖建桥, 韩翼等. 谦逊领导的影响机制和效应: 一个人际关系视角 [J]. 心理学报, 2017 (9): 1219-1233.

[146] 潘煜, 高丽, 张星, 万岩. 中国文化背景下的消费者价值观研究——量表开发与比较 [J]. 管理世界, 2014 (4): 90-106.

[147] 彭娇子, 张亚军, 肖小虹. 谦卑型领导对员工建言的影响机制研

究 ［J］. 领导科学，2016（23）：41-43.

　　［148］曲庆，何志婵，梅哲群. 谦卑领导行为对领导有效性和员工组织认同影响的实证研究［J］. 中国软科学，2013（7）：101-109.

　　［149］唐汉瑛，龙立荣，周如意. 谦卑领导行为与下属工作投入：有中介的调节模型［J］. 管理科学，2015，28（3）：77-89.

　　［150］周建涛. 谦逊领导与员工建言：一个中介—调节模型［J］. 中国人力资源开发，2016（5）：34-40.